人工智能教育应用的理论与方法

陈凯泉　仲国强　著

科学出版社
北　京

内 容 简 介

随着人工智能的飞速发展，人工智能赋能教学取得长足发展。本书通过对国内外人工智能教育应用案例的分析，阐明多模态学习分析、适应性反馈、人机协同等正成为当下人工智能教育的主要应用范畴。人工智能依据学情感知对学习做出智能评估和预测，可为学习者的适应性学习提供技术性支持与保障。本书还以IBM Watson系统的应用为例，阐述了人工智能教育应用与新时代育人目标相契合，正在推进学生核心能力的发展。

本书可供计算机和教育技术专业研究人员参考。

图书在版编目(CIP)数据

人工智能教育应用的理论与方法/陈凯泉，仲国强著. —北京：科学出版社，2022.6

ISBN 978-7-03-072279-9

Ⅰ. ①人… Ⅱ. ①陈… ②仲… Ⅲ. ①人工智能-应用-教育工作-研究 Ⅳ. ①G52

中国版本图书馆CIP数据核字(2022)第082148号

责任编辑：王 哲/责任校对：胡小洁

责任印制：吴兆东/封面设计：迷底书装

科学出版社 出版

北京东黄城根北街16号

邮政编码：100717

http://www.sciencep.com

北京天宇星印刷厂印刷

科学出版社发行 各地新华书店经销

*

2022年6月第 一 版 开本：720×1000 1/16

2025年2月第四次印刷 印张：8 1/2

字数：160 000

定价：89.00元

(如有印装质量问题，我社负责调换)

作者简介

陈凯泉，教授，硕士生导师，2018年～2019年在美国犹他州立大学教育学院做访问学者，近年来主持或参与20余项国家级、省部级科研课题，发表中外文学术成果60余项，中国海洋大学优秀教师。多年来致力于教育信息化、人工智能教育应用、学习科学等方面的研究，实践推进多个区域、多所学校的教育教学改革和人工智能教育应用系统的建设工作，连续两届获得山东省省级教学成果一等奖，获得山东省优秀教育科研成果一等奖、山东省社会科学研究优秀成果奖和中国海洋大学东升课程教学卓越奖等多项教学和科研奖励，是中国教育学会会员、中国高等教育学会学习科学研究分会（LSRA）理事、美国教育传播与技术协会（AECT）会员，曾任全国教育技术协会信息技术教育专业委员会常务理事，是全国研究生教育评估监测专家、CSSCI期刊论文评审专家、山东省青岛市人民政府特约督学。

仲国强，教授，博士生导师，由中国海洋大学"青年英才工程"第三层次引进。2011年在中国科学院自动化研究所获得工学博士学位，并于2011年～2013年在加拿大魁北克大学从事博士后研究。研究领域主要包括人工智能、机器学习、模式识别等，在IEEE汇刊、Neural Networks、Neural Computation、Pattern Recognition、AAAI、IJCAI等有影响力的国际期刊和会议上发表论文100余篇，主持和参与多项国家重点研发计划、国家自然科学基金、装备预研教育部联合基金等项目，曾荣获第十届脑启发的认知系统国际会议（BICS2019）最佳论文奖和亚太神经网络学会（APNNS）青年研究者奖，并获评Pattern Recognition、Knowledge-Based Systems、Neurocomputing等期刊优秀审稿人，担任国际期刊Cognitive Computation的副主编，是中国计算机学会、中国人工智能学会、中国图像图形学学会高级会员，ACM、IEEE、IAPR会员，并担任中国计算机学会计算机视觉专委会执行委员、中国人工智能学会模式识别专委会委员、中国自动化学会模式识别与机器智能专委会委员、中国图像图形学学会文档图像分析与识别专委会委员和山东省人工智能学会理事。

序

十年树木，百年树人，教育是国之大计。我国历来重视教育的发展，尊春秋时期伟大的思想家、教育家孔子为“圣人”，千百年来一直在不断尝试着优化教育制度、教育环境和教育方法，以立德树人、传承文明。以人工智能为代表的第三次产业革命正在快速演进中，教育的形式和方法随着技术手段的进步而逐渐革新。教育人工智能是“教育”与“人工智能”的结合，也是对二者发展的共同要求和促进。

近年来，随着人工智能技术的发展，教育教学手段持续创新、快速迭代，人工智能与传统课堂教学有机融合，出现了智慧教学、虚拟课堂、沉浸式学习等新型教学方法，人工智能教育应用推进了信息技术与学科教学的深度融合。此外在大中小学培养计划中融入人工智能课程内容已在国内外受到广泛认可和青睐，我国 2017 年印发的《新一代人工智能发展规划》特别强调实施全民智能教育项目，教育部 2022 年 4 月发布新版国家义务教育课程标准，其中《信息科技课程标准》将人工智能与智慧社会作为重要教学内容。大学、科研院所乃至科技企业的研发部门都在积极开展人工智能人才培养和新技术研发的工作。

《人工智能教育应用的理论与方法》是陈凯泉教授和仲国强教授多年科研工作的积淀，是他们学术合作的结晶。两位教授都非常关注人工智能技术的发展，也都非常关心教育教学方法的创新实践，特别是人工智能如何赋能教育教学改革，以及对教育本身、教育者和学习者所提出的新的要求和挑战。在该书中，他们阐述了人工智能教育应用的实践演进、当下教育人工智能的主要应用范畴（多模态学习分析、适应性反馈、人机协同等）、智能教学系统的自动化测评和情绪感知、扩展现实（涵盖虚拟现实、增强现实、混合现实等多种形式）的教学应用、中小学信息技术课程之变革，以及人工智能赋能学生核心能力培养的相关路径。该书内容丰富、论述翔实，是对当前教育人工智能很全面和细致的总结与思考，对于相关领域的科研及工作人员具有重要的参考价值和启发意义，相信对于教育人工智能领域的发展、对推进教育的高质量发展也会产生重要的推进作用。

衷心希望本书能够受到教育部门、教育工作者和学生们的认可与欢迎，能够成为教育人工智能领域发展的一项重要研究成果。

中国海洋大学副校长、教授、博士生导师
国家高层次人才计划领军人才

2022 年 5 月

前　言

人工智能赋能教育涵盖两个方面：一方面是应用人工智能赋能教育及学习过程，提高学习的效率，提升学习者的自我效能感，达成深度教与学；另一方面是人工智能作为课程教学内容进入课堂，培育学生的智能素养。人工智能教育应用的理论和方法在第一个方面已经形成较为丰富的实践探索，在第二个方面也正在推进中小学信息科技课程教学的变革，促进学生计算思维和智能素养的全面提升。

本书共分 9 章。第 1 章重点关注人工智能的技术内涵及教育应用的实践演进。人工智能经历六十余年的发展积累起强大的技术基础，近十年来，人工智能经过计算智能、感知智能之后，正在迅速向认知智能迈进，人工智能从仅被精英小众群体认知与使用的 1.0 时代走进被各行各业大量应用的 2.0 时代。人工智能赋能教育的过程，经历着对各类人工智能技术的试用与检验。多模态学习分析（Multimodal Learning Analysis）、适应性反馈（Adaptive Feedback）、人机协同（Human-machine Collaboration）等正成为当下教育人工智能的主要应用范畴。第 2 章和第 3 章着重分析人工智能语境下的多模态学习分析及适应性反馈，多模态学习分析侧重于对学习过程数据的全方位收集、分析与应用，适应性反馈指智能教学系统侧重于应用与学习者的学习风格、学习动机等相匹配的方式给学习者提供教学反馈。第 4 章专题讨论智能教学系统的自动化测评和情绪感知。随着自然语言理解、表情识别、教育大数据、虚拟现实及机器人等技术的飞速发展与应用，引入这些技术之后的新型智能教学系统正在对知识的表征形式及学习过程实施智能化改造与重塑，能够即时捕捉、感知和分析学习者的学习状态，自动测评、学习分析、情绪感知、仿真教学及智能陪伴等成为智能教学系统的常见功能。智能教学系统基于大数据智能与跨媒体智能协同支撑精准的学情判断和科学的学习路径推荐。人工智能依据学情感知对学习做出智能评估和预测，可为学习者的适应性学习提供技术性支持与保障。第 5 章深入剖析了学习分析技术支撑下的适应性学习。第 6 章将人机协同教学这一范畴进一步展开，人机协同重点关注教师如何与智能教学系统协同为学生提供智能化精准教学。

以人工智能作为技术支撑，还能建构更多高效的学习方式。比如，人工智能与扩展现实相结合，正在形塑沉浸式学习，第 7 章专题讨论了虚拟现实的教学应用。扩展现实技术体现了虚拟现实技术的最新发展，涵盖虚拟现实、增强现实、混合现实等多种形式，能够创设完全沉浸式的虚拟世界，扩展现实技术使低成本、高效率营造沉浸式学习环境成为可能。应用扩展现实技术可打造虚实融合的混合学习空间，能够建设虚拟实验室；扩展现实技术大幅度推进了游戏化学习环境的创设，在职业培训中能极大程度提升知识获取和技能训练；扩展现实技术还将故事讲述转型为沉浸式叙事，为读者、听众和观众带来全新的沉浸式体验，使学习者有机会成为创意设计者和知识创造者。扩展现实技术的应用正从精英走向大众，实施成本在大幅降低，扩展现实在营造新型沉浸式学习环境方面潜力巨大。

人工智能技术的飞速发展与广泛应用对公民素质提出新的要求，编程能力、计算思维及对智能化社会的深度认知成为人工智能时代学生信息素养内涵的重要内容。第 8 章从人工智能作为中小学课程教学的重要内容的视角分析了信息科技课程的变革。基础教育阶段信息技术课程目标的演进及 STEM 教育、创客教育等新型教育实践的展开为推广人工智能教育提供了充足准备，基础教育阶段人工智能教育的目标应定位于培养学生的编程能力与计算思维，教学内容要侧重于人工智能技术的应用，内容选择、难度等级需符合基础教育各学段学生的年龄特征及知识基础。应用探究式教学深度融入科学、信息技术、综合实践活动等课程是人工智能教学实施的主要路径。采取师资专业培训、课程体系建设、对接高校及社会培训机构是建设校本人工智能教学资源的重要策略。

除了人工智能赋能教学和作为课程教学内容，人工智能教育应用还与新时代育人目标相契合，在推进学生核心能力的发展。第 9 章阐述了人工智能赋能核心能力的相关路径。在 21 世纪学习框架下，批判性思维能力、沟通能力、协作能力、创新创造能力这四项能力成为培养学生核心能力的重要内涵，这四项能力称为 4C 能力。借助人工智能技术能够为每个学习者提供个性化的学习服务和实时陪伴，智能导师系统逐渐走进学生日常的学习生活。Watson 系统是 IBM 所研发的功能强大的认知生态系统，该系统的设计理念与核心能力培养的目标相契合，为 4C 能力培养提供了功能丰富的技术支撑，为培养学生的问题解决能力提供了实施路径，以 Watson 系统为基础的多项智能导师系统已经在多所学校获得成功应用，在学生核心能力培养方面取得了显著成效。

感谢中国海洋大学多年来对作者研究团队科研工作的大力支持，感谢科学出版社王哲编辑的辛苦付出保证了本书的如期出版，也要感谢作者的研究生韩小利、李文慧、吴志超、胡晓松、吴玥玥积极参与了本书的修改和校订。由于人工智能发展迅速，人工智能教育应用的理论和方法还在不断丰富和优化，作者水平有限，书中难免存在疏漏之处，敬请读者谅解和指正。

作　者

2022 年 5 月

目　　录

第 1 章　人工智能的技术内涵与教育应用的实践演进

1.1　三代人工智能的技术内涵

人工智能的发展经历过三次大的浪潮，分别是始于 20 世纪 50 年代的计算智能时代、始于 20 世纪 80 年代的感知智能时代及进入 21 世纪以来的认知智能时代[1]，这三代技术的发展并非孤立发展、截然分开，计算智能为感知智能的发展提供基础，计算智能与感知智能发展到一定阶段后协同支撑认知智能的发展。

1956 年，麦卡锡（John McCarthy）等学者提出人工智能（Artificial Intelligence，AI）的概念，意指要使机器像人那样认知、思考和学习。正如潘云鹤院士在全球人工智能高峰论坛上所讲[2]，六十余年来，机器定理证明、机器翻译、模式识别、专家系统、神经网络和机器人等领域迅速发展，积累的技术基础支撑起了模拟的医生、模拟的翻译者、模拟的对弈者，有的技术还能模拟人或生物的各种灵巧动作。在近十年中，随着互联网的普及、巨量数据的形成及人类对智能化需求的多样性变化，“通过机器的学习、大规模数据库、复杂的传感器和巧妙的算法，来完成具有挑战性的任务”成为人工智能的最新定义，人工智能的应用者从精英小众群体走向普罗大众，潘云鹤院士把此称为人工智能 2.0 时代的到来[3]，也有学者称其为“人工智能+”时代[4]。

1.1.1　计算智能

计算智能在于迅速读取、处理与分析结构化或半结构化的数据，目前计算机的计算智能已经较为成熟并且在一些任务上超过了人类的能力。计算智能是受到人类智慧的启发而设计出来的一类算法的总称，主要用于解决在科学研究和工程实践中碰到的异常复杂的计算问题，这些问题复杂度高、计算耗时长、精度要求高，如仿真计算、模型求解等都需要依靠计算智能来完成。

随着数据规模、机器算力和算法复杂度的不断增长，计算智能在很多领域得到了广泛的应用，如机器翻译、人机对话、无人驾驶等。但是，在环境感知、高级认知和智能决策方面，以数据驱动的计算智能距离人类水平还非常远。

1.1.2 感知智能

感知智能主要体现为借助语音识别、图像识别、手势识别等技术，对现实世界的信息进行采集与辨别。谷歌公司的 Siri 助手、国内科大讯飞公司的语音测评系统等都已经在语音识别上表现出强大的优势。由牛津大学人工智能实验室、谷歌 DeepMind 和加拿大高等研究院（Canadian Institute For Advanced Research，CIFAR）于 2016 年 11 月联合发表的论文显示，使用了人工智能技术的唇读系统 LipNet 能将视频中人物的嘴巴活动与台词匹配，准确率高达 95.2%，而人类可以达到的唇语解读准确率一般在 20%，最高值仅有 57.3%[5]。

1.1.3 认知智能

认知智能是在感知智能的基础上向前迈进一步，即不仅仅是感知与判断语音、图像及手势，而且具备深度学习的能力，能读懂语义、图像及手势的内在含义，能判断出发言者的观点、遣词造句的习惯、情感态度，具备判断与学习的能力。众所周知的 AlphaGo 战胜围棋冠军柯洁的案例是认知智能的典型体现，具备了认知智能的计算机能判断并学习包括柯洁在内的众多围棋高手的下棋策略，能在系统内部不断自我博弈，基于此大幅提升自身下棋水平，其认知与学习能力是战胜人类的关键。

近年来，以知识图谱为核心的知识工程领域发展迅速，知识图谱中一般包含实体、概念、属性、关系等信息，认知智能可以在知识图谱的基础之上，帮助机器进行理解、做出解释。

1.2 人工智能教育应用实践的演进

1.2.1 智能教学系统与教学代理

人工智能应用于教育教学是伴随计算智能、感知智能与认知智能这三类智能技术的发展而渐次应用于各类教学系统。传统的智能教学系统（Intelligent Tutoring System，ITS）和智能教学代理（Intelligent Pedagogical Agent，IPA）主要应用计算智能技术，根据预先建构好的知识模型、教师模型、学生模型在学习者学习过程中判断学习者碰到的问题，及时给予提醒或反馈。一定程度上而言，导师（Tutor）或代理（Agent）都体现为一种智能陪伴（Intelligent Companions），但智能化程度较低。在 ITS 与 IPA 中，导师或代理所能感知或捕捉到的信息、数据主要表现为三个方面：一是知识点的类型、难度及与其他知识之间关系——知识模型（Knowledge Model）；二是学习者业已经历过的学习过程和表现出的学习风格——学生模型（Student Model）之间关系；三是在教师模型中预先设定的教学策略——教学模型（Pedagogy Model）。显然，这三类信息或数据中仅有学习者的学习经历是一个动态变化的数据库，除此之外的知识模型、学习者学习风格、教学策略等都预先存储于系统，所以 ITS 和 IPA 对学习者特征、知识特性等的理解力与判断力都严重不足。正因为如此，尽管传统意义的智能教学系统和智能教学代理已经显现出智能化特征，但此类教学系统普遍较为僵化，这两类系统的应用普及程度一直不高。

1.2.2　人工智能 2.0 时代智能教学系统的升级

北京大学贾积有教授所做研究显示，智能代理技术和自然语言处理是 2010 年之前三年来人工智能教育应用中被关注的两个问题[6]。但从 2010 年至今，人工智能的发展取得显著成就，李德毅院士称此为“人工智能在奔跑”[7]，同时人工智能在教育中的应用更趋多样化。美国白宫发表的报告《为未来的人工智能做准备》指出，在图像识别领域，2011 年人工智能技术的错误率高达 26%，但到了 2015 年，人工智能技术的错误率仅有 3.5%，已低于人类 5%的错误率。也就是说，如果交由两个个体对图像识别，根据错误率已经无法区分这两个个体是人还是人工智能体。更为可喜的是，这种图像识别能力已经应用于教学中。如手机应用“学霸君”APP 可以把学生用手机拍下的难题迅速上传到云端并形成清晰的题目文本，然后这个软件根据识别出的文本开展网络搜索并迅即反馈出这道题的答案及解题思路。图像识别技术的发展是人工智能技术发展的一个缩影，其他如语音识别、语义识别、表情识别、眼部跟踪等技术的发展近年来同样突飞猛进。所以，当人工智能从狭义的计算智能向感知智能、认知智能等强人工智能迅速转型之后，人工智能的教育应用变得丰富并走进普通大众。英国每日邮报 2016 年 5 月 10 日曾报道美国佐治亚理工学院的机器人助教代替人类助教与学生在线沟通交流竟无学生发现[8]，这说明了人工智能教育应用的潜力。虽然当前人工智能对教育的影响远低于人类对人工智能的功能预期，但业已应用的一些人工智能技术的确深刻影响了学习者的学习体验。

表 1.1 是近年来人工智能教育应用的部分美国案例。此外英国的 EZ Education 公司开发的 DoodleMaths[9]影响也较大，该款应用主要是测试小学生的数学学习情

况，印度、芬兰等国开发成功为数不少的基于人工智能技术的教育应用系统。科大讯飞公司在人工智能方面有较为强大的技术储备，该公司开发的畅言智能语音（双语）教学系统是针对中小学英语、语文教学需求，利用智能语音技术开发的新型智能教学工具[10]。

表 1.1　美国人工智能教育应用的部分案例梳理

序号	支撑技术	所属公司或机构	案例名称	案例简介
1	自然语言理解与语义分析	Microsoft	微软小冰	可以训练用户的英语口语
2		IBM	Watson	使用自然语言回答用户问题的认知计算系统
3		Apple	Siri	使用自然语言来回答问题并帮助用户完成搜索等任务
4		Pearson	VEPT（Versant English Placement Test）	运用语音及文本数字处理技术全自动全面测评英语语言学习者听、说、读、写技能
5	学习分析	McGraw-Hill Education	ALEKS（Assessment and LEarning in Knowledge Spaces）	为 K12、高等教育提供教学测评和在线一对一辅导的系统
6			Connect Master	为大学教师和大学生提供的自适应学习系统
7			LearnSmart	互动教材，根据学生对随机测试的回答改变课程的内容
8			SmartBook	智能教科书，可以跟踪学生的个性化需要
9		UC Berkeley	Gradescope	用于大学教师对学生的智能化测评
10		Knewton	Knewton	以图谱化学习内容为基础，结合对学习者学习风格的测定提供个性化的学习路径推荐
11	虚拟现实	Pearson	Revel	沉浸式数字学习工具
12		EON Reality	EON Virtual Trainer	应用人工智能技术构建虚拟课堂
13		MIT&Smithsonian	Vanished	实境游戏，支撑协作式学习
14	智能陪伴	Hanson Robotics	Professor Einstein	基于庞大的知识库对学生的问题做科学应答
15		MIT Media Lab	Personalized Robot Storyteller	能讲故事，收集学习者的语言习惯及讲故事的技巧信息
16	表情及手势识别	North Carolina State University	JavaTutor	在 Java 编程中，通过表情识别及监测脑电波获知学生的学习状态
17			MetaTutor	通过追踪与处理眼动数据了解学习者的行为模式和元认知

综合以上文献、技术分析及对实践的审视，可以看出，近十年来人工智能的教育应用一直蓬勃发展，研究主题因人工智能技术的发展发生着显著变迁。研究领域不再局限于智能教学系统的模型分析、智能教学代理和游戏教学，人工智能更加关注学习过程数据的收集、处理与应用。智能识别、自然语言理解、学习分析、虚拟现实、教育机器人等五类人工智能技术大量引入教学系统，传统数字化教学系统、一系列的在线学习平台及 MOOC（Massive Open Online Course）平台等不仅完成学习资源呈现、作业批改与答疑、学习社区构建、支持交互协作等功能，这些系统或平台在应用 AI 之后能够对知识与内容的表征形式实行智能化改造，能够即时捕捉与感知、分析学习者的学习状态。

人工智能的迅速发展将深刻改变人类社会生活、改变世界。人工智能发展进入新阶段。经过六十多年的演进，特别是在移动互联网、大数据、超级计算、传感网、脑科学等新理论新技术以及经济社会发展强烈需求的共同驱动下，人工智能加速发展，呈现出深度学习、跨界融合、人机协同、群智开放、自主操控等新特征。大数据驱动知识学习、跨媒体协同处理、人机协同增强智能、群体集成智能、自主智能系统成为人工智能的发展重点，受脑科学研究成果启发的类脑智能蓄势待发，芯片化硬件化平台化趋势更加明显，人工智能发展进入新阶段。当前，新一代人工智能相关学科发展、理论建模、技术创新、软硬件升级等整体推进，正在引发链式突破，推动经济社会各领域从数字化、网络化向智能化加速跃升。

第 2 章　人工智能语境下的多模态学习分析

2.1　多模态数据的层次及多模态学习分析的概念

对学习者学习过程数据的收集与分析是智能教学系统（ITS）中的关键环节。伴随人工智能技术的飞速发展，ITS 所收集数据的类型日益广泛，“SCHOLAR”[11]这样具备里程碑意义的智能辅导系统于1970年诞生时仅对学习者做题的正确率给予收集分析，但现在的 ITS 不仅关注学习者在网页上的停留时间以及做测试题的正确率等传统意义上的日志数据，还包括学习者学习过程中学习路径、情绪状况、对学习内容的关注焦点、身体的移动轨迹等数据。其中，学习情绪的跟踪主要应用面部表情识别技术，对学习内容的关注焦点主要应用眼动跟踪技术，对身体移动轨迹的跟踪主要基于运动传感技术。

所以，在人工智能语境下做学习分析是基于对学习者全方位数据的收集，学习分析中的数据范围大幅度增加。其实不仅是在教学领域要分析的数据类型日趋多样化，在医疗、体育、军事等领域所需分析的数据类型同样非常丰富，从 1996 年开始，国际计算机学会（Association for Computing Machinery，ACM）就召开了多模态交互国际会议（International Conference on Multimodal Interaction，ICMI），旨在探讨如何综合分析音频、视频、文本、图片等多种数据源。到 2012 年，第 14 届 ICMI 会议上设立了多模态学习分析（Multimodal Learning Analysis，MLA）工作组，专题研究如何综合分析多模态的学习数据。

2.1.1　人机交互视角下多模态数据及多模态交互的发展历程

之所以被称为多模态交互或多模态分析，首先源于计算机可以捕捉收集数据的多模态化。人机交互的输入输出中，文本是最基本的数据类型，并且长期以来是人机交互的主要形式。当人机交互界面从文本交互界面走向图形用户界面（Graphic User Interface，GUI）之后，鼠标移动被感知和捕捉，被转化为可被计算机执行的指令。伴随人工智能技术的成熟，基于自然语言处理（Natural Language Processing，NLP）的人机交互被大家熟知和应用，同时一些电子游戏或虚拟现实系统对人类动作、手势的捕捉更为精准，面部识别技术的发展更使计算机有可能窥视人的情绪和内心世界。

当前，人机交互研究的关注点越来越倾向于多通道、多任务的自然交互场景。人机交互理论的研究者所提出的 EPIC 模型，把人类感知和运动处理方面的关键因素都整合进认知理论框架中，力图把人类的行为数据、心理和生理数据做整合建模，提升人机交互的智能化。从以上梳理不难看出，人机交互技术的发展历史把计算机可以分析的数据源变得越来越丰富，最终把人机交互从单一的文本交互推向了多模态交互，计算机所做的数据分析从单一的文本处理变成多模态数据分析。

2.1.2　人工智能语境下多模态数据层次及多模态学习分析的概念

Blikstein 和 Worsley 在 2016 年的研究中把多模态学习分析划分为九个范畴[12]：①文本分析（Text Analysis）；②话语分析（Speech Analysis）；③笔迹分析（Handwriting Analysis）；④草图分析（Sketch Analysis）；⑤动作和手势分析（Action and Gesture Analysis）；⑥情感状态分析（Affective State Analysis）；⑦神经生理标记分析（Neurophysiological Markers Analysis）；⑧眼睛凝视分析（Eye Gaze Analysis）；⑨多模态整合和多模态界面分析（Multimodal Integration and Multimodal Interface）。这九个范畴把学习过程中可能产生的数据基本都做了囊括，文本分析代表了传统的对学习过程的日志记录；话语分析是指学习过程中学习者的语音，包括人机对话，也包括学习者之间的对话；笔迹分析和草图分析在学习者识字、绘图教学中最为常见；动作和手势分析体现为学习者在学习过程中身体、头部、手部的移动轨迹；情感状态分析主要依据学习者的面部表情；神经生理标记分析是指对学习者的脉搏、心跳等数据的分析；眼睛凝视分析则是指对学习过程中学习者的关注焦点的分析；多模态整合是综合以上八个方面的整合性数据。

如果对这上述九个范畴数据做进一步的归类就会发现，第①～④类数据是能够直接反映学习状况的外显数据；第⑤、⑥、⑧类数据反映了学习者的学习体验，属于心理数据；第⑦类是学习者的生理性数据。同时，这九类数据还未包括学习者的性别、学习风格、学习动机、学习目标、家庭背景、前期学习状况等基础信息。因此，多模态学习分析的数据源可以归结如表 2.1 所示的层次划分。

表 2.1 所示四个层次的数据是学习者数据的集合，在多模态学习分析中只有综合应用这四个层次的数据，就如 Blikstein 和 Worsley 研究中所提到的做整合性数据分析，学习分析才能真正全面准确地刻画学习者的学情。但基础数据的形成

绝非一朝一夕可以形成，需要应用区块链等技术把学习历程数据做全面的梳理和规范化存储。

表 2.1　多模态学习分析的数据层次

数据层次	数据类型	数据表征
第一层	外显数据	直接反映学习状况，如做题正确率、网页停留时间等
第二层	心理数据	反映对学习内容的感兴趣程度、学习积极性，如面部表情很高兴或沮丧，眼睛持续关注概念图中的某个概念
第三层	生理数据	反映学习者的学习积极性，或者反映学习内容对于学习者的难度
第四层	基础数据	表征学习者的学习风格和学习基础

从这一点而言，人工智能语境下的多模态学习分析极大程度上拓宽了当前学习分析的视域，不再局限于从各类学习平台中收集分析各类日志性数据，而是力图通过收集音视频数据、面部表情识别、眼部跟踪、动作手势跟踪、神经生理数据捕捉等各种手段以达成对学习者相关数据的全面收集，并应用机器学习、自然语言理解、关联数据挖掘、认知网络分析等人工智能技术实现对学习者学情的准确分析。

2.2　多模态学习分析的应用实例

多模态学习分析中数据收集的维度和分析的方法，近年来不断取得新的发展，面部表情识别、眼动跟踪、学习路径分析等方面已经有较多研究并获得应用。面部表情识别主要用于对学习者当前学习情绪的分析，眼动跟踪用于对学习者学习内容关注焦点的挖掘。在学习路径分析方面，著名的 Knewton 学习分析系统以知识图谱为基础，不断分析学习者的学习路径，给学习者学习路径的变化提供智能化的建议[13]。按照分析数据来源划分，对学习者声音、身体移动轨迹、教师非言语行为等方面的探索尤其值得关注。

2.2.1　学习者声音的收集分析及 ITS 的适应性反馈

现实生活中，说话者在说话时一般会有意无意地调整他们的语言来适应与他们交谈的伙伴，如说话的速度和声调。智能教学系统的研究同样关注到了学习者的语速、说话习惯、声调等数据的获取。智能教学系统在与学习者对话时如果能够充分考虑与学习者声音、语调的配合，就能使学习者能够感觉到更多的连接感、亲密感、和谐感。Lubold 等研究的教学代理 NICO 具备了与学习者声音相匹配的模式，如果学习者说话语速较快，那 NICO 反馈时的语速也较快[14]。实验研究证明，智能代理、教育机器人、教育游戏等在与学生开展社会性对话时，若能充分适配学习者的声音、语速等特征，就能够显著提高学生的学习效益，并且女性学生对这种声音的适配性更加敏感。学习者在实验结束后的反馈中提到，这种声音适配性能使自己感觉到更多的社会认可，能帮助学习者更多地关注问题，帮助他们在改正错误时反思错误，从而更好地建构知识。

2.2.2　对教师非言语行为的收集分析及自动化教学评估

众所周知，教师经常利用许多非言语行为，如手势和体态，来保持学生的注意力。在现实课堂环境中，教师行为的量化通常是借助手工编码完成，费时费力且无法为教师提供及时、细粒度的反馈。Makhija 和 Richards 设计了一个叫 Presentation Trainer 的培训平台，用来评估教师的非言语行为，给讲课者提供即时反馈和自动化教学评估[15]。实验研究表明，借助 Presentation Trainer 能有效提高讲课能力，自动化教学评估方法在提高非语言交流技能方面有强大的潜力，但该平台需要深度感应摄像头和非常清晰的讲课视频，限制了实际应用。为了使对教师非言语行为的收集与应用更简单，Bosch 等使用基于视频的运动评估，采用自动化的方法评估教师的非言语行为。运动跟踪是计算机视觉领域研究的热点问题，Bosch 的应用程序包括跟踪人的移动、跟踪关键视觉点的移动及基于时间序列的视觉变化。其提出的根据运动行为做评估的方法对于检测非言语行为和教学事件是有效的，对于那些不需要人工编码、不需要使用高级技术，又不需要专业摄像师的教师，这种方法可以帮助他们提供更有效的反馈，改进授课方式，为学生创造更有吸引力的学习体验[16]。

2.2.3　跟踪学习者身体移动轨迹以评估学习者的合作学习能力

人工智能技术使获取合作学习过程的数据愈发简单，Dich 等尝试利用多模态传感器（眼部移动跟踪器、运动传感器、皮肤电反应腕带数据捕捉器）来识别和评估学生的合作能力[17]。图 2.1 是基于运动传感器收集到的学习者运动数据形成的学习者移动轨迹。

有充分的证据表明，生理同步的指标数据与教育研究者感兴趣的社会互动、学习、任务表现等密切相关。在 Dich 的研究中，所有参与者都是编程新手，每人有 30 分钟时间为机器人编程，使其能够自主解决一系列越来越难的迷宫问题，研

图 2.1　基于 Kinect 传感器产生的运动数据形成的学习者移动轨迹

究设计了两种不同的干预措施来支持协作，同时对参与者进行计算思维技能的前后调查，要求他们在活动结束时对自己的协作能力做出评估。研究过程中，两款移动眼动跟踪器捕捉参与者视线，一款运动传感器捕捉肌肉运动和学习者的位置变化，两个腕带数据捕捉器监测皮肤电活动（Electrodermal Activity，EDA）。Dich成功识别了任务性能、协作质量和学习收益的预测因子，在为学生开发实时、即时、个性化反馈的背景下，可以使用这些措施为教师开发仪表盘，为学生开发反思工具，能够实时计算这些数据，以促进数据分析、自我调节、实时监控，并提供形成性反馈。

第 3 章　适应性反馈的角色分类及实现形式

3.1　智能教学系统中反馈的角色分类

智能教学系统提供的反馈类型非常丰富，表 3.1 所示是由 Dempsey 和 Sales 编著的《交互性教学和反馈》（Interactive Instruction and Feedback）一书对反馈角色的总结[18]。

表 3.1　反馈所承担的角色

角色	解释	反馈示例
Direct	说明要做的行为	在要学习的内容上点击鼠标
Inform	指明学习者所做行为的正确性	正确
Instruct	促进学习者对学习内容的理解	你刚才的回答不正确，在看教学视频时请注意这个原理是如何被解释的
Motivate	提供鼓励或批评	记录学生进步的仪表盘向前转动，或者响起愉悦的音乐
Stimulate	促进学习者继续	当学习者暂停与系统的交互一段时间之后，系统响起铃声提醒学习者继续学习
Advise	提醒学习者当前的学习状态与期望目标间的差距	要想继续下一步的学习，请先对以下三个问题做出回答
Summarize	对学习情况的简要总结	你已经完成了 80%的练习题

如果审视当前的智能教学系统，表 3.1 所示的七类角色依然有所体现，只是人工智能技术的发展使反馈的功能在学习水平诊断、学习路径规划、学习内容推送等三个方面体现得更多，近些年，反馈在具体形式和内容上都发生着巨大变化。第一，在反馈形式上，原来的反馈主要是文本形式，现在自然语音、图形图像等形式被广泛应用，还有借助智能代理（虚拟化身）的形式与学习者直接对话，如果智能教学中再加入虚拟现实技术的应用，这种反馈还体现为直接调整学生的触觉和视觉场景。第二，在反馈内容上，源于多模态学习分析技术的应用，智能教学系统对学情掌握更为精准，给学生提供的反馈也更为细致，如不仅会反馈学生

做测试题目的正确率，还会告诉学生可能要回溯到以前章节的某部分继续深入学习，也就是说反馈不仅仅告诉学习者当前的学习状态，更重要的是为学习者提供更有价值的学习建议或者内容推送。当前的适应性反馈在逐步提升学习者的触觉感知，在推送方面不仅是学习内容的推送，而且拓展到了对学伴的推荐，适应性反馈促进学习者对自身的感知。

3.2 适应性反馈的实现形式

3.2.1 应用增强现实提升学习者的触觉感知

在外科手术中，操作失误可能会导致可怕的后果，适当的训练起着至关重要的作用，但传统上依赖于经验丰富的外科医生通过尸体解剖和手术室实践指导学员的方式无法满足日益增长的培训需求，采用虚拟现实、虚拟仿真等形式的培训变得十分必要。随着触觉技术（Haptic Technology）的出现，将触觉融入 VR（Virtual Reality）成为可能，从而使触觉技术作为外科教育的补充训练技术得到广泛的应用。图 3.1 所示是墨尔本大学 Pardos 和 Meyer 等学者引入了颞骨手术模拟器的智能教学系统[19]。

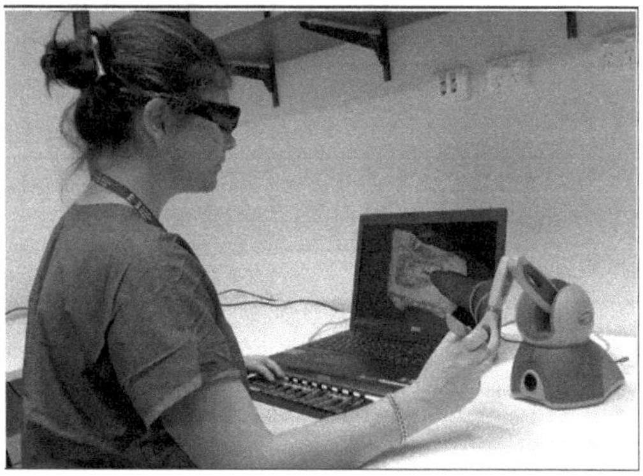

图 3.1　墨尔本大学 VR 颞骨手术模拟器

该研究使用虚拟钻头反映触觉设备的运动，虚拟钻头向学生提供触觉反馈，使学生获得深度印象。学生通过 MIDI（Musical Instrument Digital Interface）控制器改变环境变量，如放大显示级别和毛刺大小。通过虚拟现实模拟器，学习者开展中耳和内耳手术，切除病变组织，提高听力。在 VR 颞骨模拟手术中，系统提供不同类型的自动反馈和指导，有效训练学生不同方面的外科手术操作。

3.2.2　综合应用多种历史数据给学习者推荐学习内容和学伴

无论是传统教学还是在线教学，尽早发现处于危险中的学生并为他们提供及时指导都是非常必要的。研究者一直在尝试应用多种方法获取更广范围的数据和应用更准确的预测模型以提高预测的准确性。当前已有方法能够预测学生辍学率，但并不能利用之前学期的数据做早期辍学预警。在 AIED（Artificial Intelligence in Education）2018 年会上，Zhang 等展示了借助 ILR（Iterative Logistic Regression）模型，来解决早期预测的挑战。该框架能够充分利用学生的历史记录，有效地预测学生在未来学期中可能不及格或辍学的风险。在真实数据集基础上评估的结果显示，与其他现有方法相比，性能指标有了显著改善。该方法启用的应用程序为面临辍学风险的学生提供了额外支持。该模型可以扩展到课程环境中，提供更多实践信息，如作业、测验和考试。这种干预能有效地提供预警和帮助学生，提高整体教育质量和毕业率[2]。此外，Idowu 等对比基于标记、基于响应和两者混合使用等多种方法，通过开发相应的预测模型[21]，在一个名为 Stack Overflow 在线学习社区中，能对学习者在五个月内提出的问题做出预测，这些措施可以作为推荐系统的基础，从而加快响应时间和质量，旨在寻找大幅度提高目前学习系统预测成功率的方法。研究表明，结合用户意愿预测信息的方法最为有效。

不仅是学习内容的推荐，在教学、指导或其他学习支持活动中借助同伴也被认为是对学习环境的有益补充，参与同伴学习和同伴支持下的学习这不仅对现有的社区做出贡献，而且可以创建全新的实践社区。这些社区可以补充其他技术，以增加学生之间的互动和交流频率。Potts 和 Khosravi 开发了一个名为 RIPPLE 的平台，该平台能为学习者提供个性化内容和同伴学习支持[22]，如图 3.2 所示。

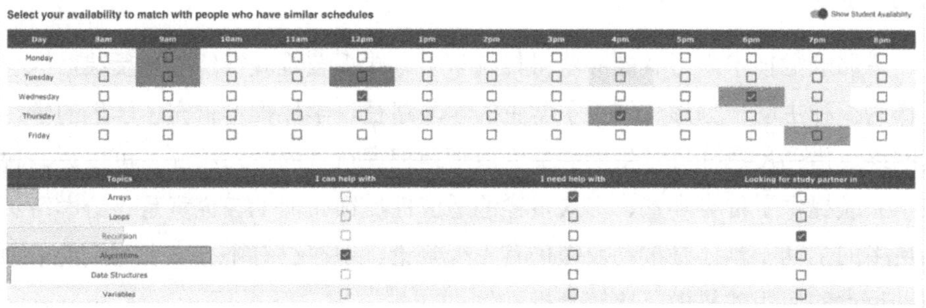

图 3.2　RIPPLE 平台上的用户表现

RIPPLE 平台可根据每个人的学习需求完成量身定制，根据每个学习者的知识状态推荐建构学习者之间的联系，根据每个学习者的学习偏好和需求推荐学习同伴。RIPPLE 平台具有相互推荐的功能，允许学生找到同伴，并建立学习会话，以便提供或接受同伴的专题支持，并找到学习伙伴。在 RIPPLE 平台中，学习者能够收到一份简短的推荐列表，邀请他们通过平台与推荐的学习者建立连接。

3.2.3 应用反思性任务帮助学习者建构对学习状况的清晰认知

自适应反馈不仅要使学生被动接收一系列的推送，还要使学生对自己有清晰认知。如 Pailai 和 Wunnasri 等设计的 KB Concept Map 作为一种支持概念地图策略的数字工具，可以帮助学生构建自己的概念地图。知识构建概念图已经实现了学习者地图的命题级自动诊断，该系统允许学习者自由修改地图[23]。借助此工具，每个学习者都可建构三个学习地图：形成性地图、反思型地图和延迟型地图。教师也可借助目标地图构建任务，以单句的形式显示学习材料，轻易地从学习材料中选择关键字，在概念和链接词之间进行选择来创建目标图的组成部分，该系统将材料内容与目标图各组成部分之间的关系作为关联句进行跟踪。在学习者完成学习地图后，为其提供反思任务，学习者将收到识别其表现的信息，包括学习者地图得分和地图与目标地图之间的重叠地图。该系统是在命题级精确匹配中实现概念映射的自动诊断，以诊断结果的形式自动识别正确性信息。KB Concept Map 利用了每个命题的正确性和置信度信息来设计和区分反馈，Pailai 等应用 KB Concept Map 对自适应反馈的有效性开展了实验研究。结果表明，教师利用学习者地图得分能够更准确把握学生当前的学习情况，这些诊断结果提供给学习者之后，学习者对自身有更为清晰的认知，这种反馈形式能够有效提高课堂学习成绩。

3.2.4 主动干预和被动反馈

借助触觉技术学习者能够获得传统学习方式下较难获得的触觉反馈，内容推荐作为一种主动干预形式调整了学生的学习路径，学伴推荐扩充了学生的学习社交网络，借助反思任务学生能够更为清晰地把握自身的学习状况，可以说，智能教学系统提供了种类丰富、形式多样的适应性反馈。但 ITS 究竟是该给学习者提供更多的主动干预还是被动反馈仍有不少争论，现在已有不少学者对主动干预和被动反馈的应用效果做了比较分析。

Noboru 等设计开发了 APLUS 系统，该系统提供一个名为威廉姆斯先生的导师指导学生完成代数知识的学习并通过测试，整个学习过程中导师的反馈主要体现为主动干预行为[24]。系统先是呈现学习内容的总览，让学生了解如何解决代数问题，并呈现大量的例题，给学生提供解决这些例题的参考，包含有大量的讲解视频。系统还提供了有关于使用该系统完成学习可能遇到的各种操作性问题解答，如同常见问题回答（Frequently Asked Questions，FAQ）。APLUS 的这个导师始终处于系统的右下角，他向学生提供一系列的学习脚手架：①提醒学生选择要学习的内容；②指导学生安排测验的时间；③当学生学习无进展或进入轮转状态（同样的题目反复出错）时，导师会列出需要复习的教学资源；④向学生呈现各种必需的反馈，如某个知识点的简要讲解；⑤如果系统操作遇到困难，这个导师会给学生演示正确的操作步骤。很显然，上述系统给学生的学习支持非常详尽和及时，属于典型的主动干预型反馈。就此，Noboru 把这类系统称为元认知支持的教学代理（Learning By Teaching，LBT）。与之相对应，Noboru 还设计了一个 AplusTutor 系统，不同的是，这个系统不给学生主动性的反馈，只是在学生提出问题时才给予必要的反馈，属于较为典型的被动反馈，整个学习过程基本上是由学习者主导，就此 Noboru 把此系统命名为目标导向的学习实践（Goal-Oriented Practice，GOP）。研究人员在美国三所公立小学的 2016 学年和 2017 学年都试用了这两个系统，结果显示，通过学习后，GOP 组的学习成绩都高于 LBT 组的学生。据此可以说明，智能教学系统与学生的交互并非都是必需的，在 ITS 中仍然需要给学生的自主学习留足空间，但在需要给予必要的反馈时 ITS 的导师角色不能缺位。

3.3　智能代理与教育机器人构成学习者的智能陪伴

人工智能融入人类更自然的方式在于人工智能作为一种“伴侣”而存在，也就是说人工智能可以具象化为一种智能陪伴 ACs（Artificial Companions），因其智能化程度不同，ACs 可以划分为轻人工智能体和智能体[25]。轻人工智能体即仅具备少量的计算智能，其自然语言理解与情感识别等方面的能力还比较薄弱。智能体在自然语言理解及情感识别等方面的能力大幅提升，美国佐治亚理工学院应用 IBM 的 Watson 系统作为机器人模拟导师给学生网上答疑，此时的智能体已经具备较强的学习能力和社交能力，甚至可以成为用户的替身，变成人类与他人和社交网络进行互动的主要媒介。实践当中，智能陪伴的形式主要体现为智能教学代理和教育机器人两种形式。

3.3.1 智能教学代理

智能教学代理主要体现为一个助教教师，目前实现了初级的陪伴学习。但其下一步的发展将有望能实现主动的知识输出与对学习者的引导。Tegos 等应用对话代理模式干预学习者的协作性学习[26]。该研究选取了小学五年级现代历史课上 32 名学生（含 18 名女生和 14 名男生，年龄 11、12 岁不等）在计算机实验室进行探究性试验。实验开始为学习者呈现一系列具有特定历史背景的卡片，然后要求学习者收集与给定历史背景相符的卡片，接下来将这些卡片组合起来创建一个历史故事，对话界面（见图 3.3）提供了一个猫头鹰形态的智能代理，为学习者提供相关概念的引导帮助其具体化历史故事的推理过程。当组内一位学习者提出关键性概念后，如果 30 秒内无其他响应，猫头鹰代理将会自动触发干预机制，干预机制分析学习者的会话贡献度，采用分割、关键词提取匹配算法决定最适合的干预决策，引导所有学习者共同参与协作学习过程。整个活动耗时 90 分钟，协作阶段占用近 25 分钟。

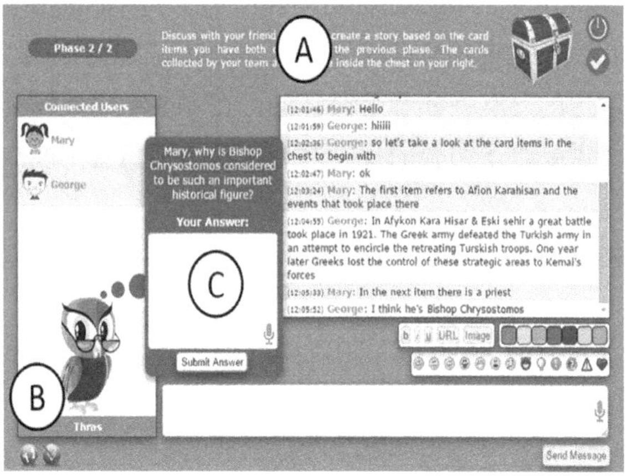

图 3.3　协作学习中的智能代理

该实验研究发现，智能代理可以诱发小组协作中更多的交互参与贡献，学习者在等待同伴提交代理反馈时非常不耐烦，但是在面对智能代理的问题时，对于不明白的问题更加坦诚地回答“我不知道”。尽管智能代理并不是一个权威性的沟通角色，但是在面对智能代理时，相较于面对同伴时，学习者能够以更加礼貌、正式的方式对智能代理的问题进行反应。随着时间变化，学习者的提问和回答模式似乎更加倾向于智能代理的模式，当学习者无法回答智能代理的问题时，他们向同伴求助更容易获得帮助，能够更好地实现组内协作。

3.3.2　教育机器人

教育机器人分为面向大学和面向中小学的机器人，机器人又可以进一步分为教育性机器人和比赛型机器人。其中比赛型机器人发展历史较长，主要是为了训练学生的设计与创造能力，学生可以编程控制机器人的行为，应用比赛型机器人培养学生的科学素养已经成为当前非常盛行的 STEAM 教育的重要内容，在 FIRA（Federation of International Robot-soccer Association）机器人足球赛、中国教育机器人大赛、世界教育机器人大赛、FLL（First Lego League）机器人世界锦标赛等机器人比赛中所出现的机器人主要是这类机器人，比赛型机器人作为玩具和学生操控对象的特性比较突出，但作为学习工具或智能陪伴的属性较为欠缺。

教育机器人主要用于对学生的智能陪伴和陪学，学生学习时，教育机器人直接讲授或即时回答学生提出的问题，可感知并调整学生的情绪，这类机器人往往兼具玩具和学习工具的功能。在全球比较著名的教育机器人中，类似毛绒玩具的智能机器人 Romibo 会讲故事，可以通过其前置摄像头捕捉孩子们的动作，会给孩子提示和好评，能降低使用者的焦虑水平。WowWee MiP Robot 机器人看起来像一个小孩，它可以识别人的手势，用户可以用智能手机、手部动作来控制机器人的行为。PLEO rb 外观像恐龙，它可以教孩子关于生物学和生命周期等方面的知识，这个机器人在模仿真实生命方面能力突出，具备较强的学习、思考和独立行动的能力。图 3.4 是来自麻省理工学院设计的一款教育机器人，图 3.5 是著名的美国汉森机器人公司开发的爱因斯坦机器人。

图 3.4　会讲故事并与孩子交互的机器人

图 3.5　爱因斯坦机器人

麻省理工学院媒体实验室的Westlund等开发了一个给孩子讲故事并且教孩子讲故事的机器人，基于较长时间的与学习者的交互，这个教育机器人能够收集学习者的语言习惯及讲故事的技巧信息，基于收集到的这些数据和信息，教育机器人讲故事的方式得以调整，并能感知每个学习者的进步。

爱因斯坦机器人是款外形酷似爱因斯坦的迷你机器人，该机器人的主设计师是美国汉森机器人公司的大卫·汉森（David Hanson），早在2009年，汉森还是加利福尼亚州立大学的一名研究人员时，他使用软体机械工程和纳米科技成功地建造了这款机器人的雏形，后来这款机器人的智能性及与真人的外形相似度都不断提高，发展至今已经成为全球机器人中的典范。这个机器人使用一种类似肉体的称为“Frubber”的材料使其面部皮肤能呈现出具有4～40纳米直径的毛孔，机器人面部上的皱纹非常逼真。爱因斯坦机器人不仅具备说话的功能，还能够识别出许多种人类的面部表情，识别用户的语音，与用户进行合理有效的交谈。爱因斯坦机器人能够做出超过50种手势和表情，它还可以与用户谈论天气、名人、食物和数学问题及与用户做游戏互动。与此同时，爱因斯坦机器人虽然不能解释广义相对论等复杂理论，但能够讲授数学和科学等相关科目知识，其中的知识库储备能够实现百科全书式的检索，几乎可以回答学龄阶段的所有科学问题。

教育机器人是一种具象化的智能陪伴，而智能教学代理主要是一种虚拟的卡通形象，属于低成本的智能陪伴。人工智能1.0时代的智能教学代理（IPA）主要承担助手（Assistant）和实时导师（Real-time Tutor）的角色[27]，随着IPA采用越来越多的感知智能、认知智能等高阶人工智能技术，人工智能2.0时代的IPA与教育机器人具备较好的情绪感知和学习能力，交互内容更加丰富，交互过程也更加自然、流畅。

第 4 章　智能教学系统的自动化测评和情绪感知

4.1　应用语音识别与图像识别技术完成自动化教学测评

4.1.1　语音识别支撑自动化语言学习测评

人工智能技术家族中的语音识别技术发展迅速，以谷歌的 Siri 为代表的语音识别工具近年来层出不穷，科大讯飞和 51talk 等公司开发出的语音测评软件也能实现用户跟读，对发音的正确性做出评估。Siri 作为苹果手机上的一项典型应用，具备识别用户和收发短信、寻找联系人、定位、搜索、翻译等诸多功能，极大程度地提升了手机与人交互的流畅性，一定程度上实现了手机对用户的自然语言理解。这些技术被引入教学系统后，教学系统与学习者间的交互便捷性提升显著，自动批改作业、自动教学测评等应用相继被开发出来。在语言类课程中，有关课文朗读、英语发音的作业或练习以音频形式提交以后，借助语音识别技术，教学系统能迅速对学习者的学习状况做出评估，进而提出修正建议。反之，如果由教师独立开展此项工作，所耗费时间很长，对语音辨别的准确性不足。因此，语音识别技术的引入有助于提升教师对学习者学习情况的评估有效性，学习者所获得自动化评估或测评有助于对自我形成更科学的评价。

4.1.2　图像及非机打文本语义识别技术促进写作教学测评的自动化

图像识别技术近几年发展成果丰硕，不仅可以对清晰的机打文本做出准确的识别，而且对较为模糊的非机打文本、手写文本也已经达到较高的识别准确率。如语义识别在写作教学中的应用已颇具实效，Jennifer 等开发了一套训练学习者写作能力的智能辅导系统[28]。该系统包含一个名为 The Writing Pal 的写作指导策略模型，系统为学生提供一个话题，学生可以根据自己的真实经验或真实世界中的客观事物展开写作。例如，系统要求学生写作的一个主题是：在达成目标的过程中合作与竞争的关系，并探讨如果想获得更大的成就，需要更多的合作还是竞争。该系统为学生提供包括七个策略模块的协作策略指导：随笔、计划、引入写作、正文写作、结论写作、核心论点写作和评论修改。系统会在学生写作初期给学生展现一段五到十分钟的视频，学生看完视频后接受一个小测验，以测试学生对视频中讲解到的写作策略的理解程度。学生根据这些策略建议初步写成一篇观点清晰的文章框架，然后修改得更为精确细致。系统追踪检测学生的写作学习情况，如果学生没有完成该写作策略的学习，则不会进入下一阶段的学习。该系统为学生提供丰富的游戏写作场景，让学习参与到真实情景的协作中，系统应用语义识别技术对学生的写作内容进行自动评分反馈，提出有针对性的修改意见。

4.2 表情与手势识别、眼动跟踪等技术支持智能教学系统完成情绪感知

人工智能读懂人类不仅要听懂人类的声音，而且要“察言观色”，要感知人类的情感与态度，在这方面，人脸识别、眼动跟踪、手势识别等技术的发展日新月异。试想一下，如果教学系统对一个面部表情中充满了厌倦、排斥等情感因素的学生还在不断推送难度很大的学习材料，那显然不能促进有效学习的发生。具备情绪感知功能的教学系统可以及时调整推送的教学内容的难度，甚至增加趣味性及提升学习成就感的低难度学习材料，这就避免了学习的倦怠或者学习过程的中止。

4.2.1 识别面部表情分析学习者学习结果

Alexandria 等发现[29]，通过识别、收集及应用学习者的学习行为、面部表情等数据可以有效地预测及调整学习者的学习结果。该研究应用在一套 Java 编程学习系统中，学习界面包含任务描述窗口、学习者的 Java 代码编写窗口、程序编译与执行输出窗口、辅导教师与学习者对话交流的文本窗口，借助该系统师生同步交流。作为一项实验研究，该研究选择了 5 名人类导师和平均年龄为 18.5 岁的 67 名大学生，收集数据时采用了 Kinect 深度相机（检测姿势和手势）、一个集成的网络摄像头（观测面部表情）以及皮肤电传导手镯（检测皮肤电传导活动）（见图 4.1），每个学习者在学习之前和学习之后都要经过成绩测评。

在学生学习过程中，导师与学习者之间对话的每条语句都经过自动注释标记，导师所提问题基本都是要求学生进行推理的问题，由此激发学生回顾先前所学知识并唤醒过去的学习经验。该系统对面部表情的侦测包括眉毛高低、嘴角的上扬/下压、唇线的紧闭程度等，皮肤电传导出学生心跳波图及相位变化，该相位是指学生在接受刺激时波形的变化峰值。图 4.2 是应用摄像头所采集到的部分学习者面部表情图。

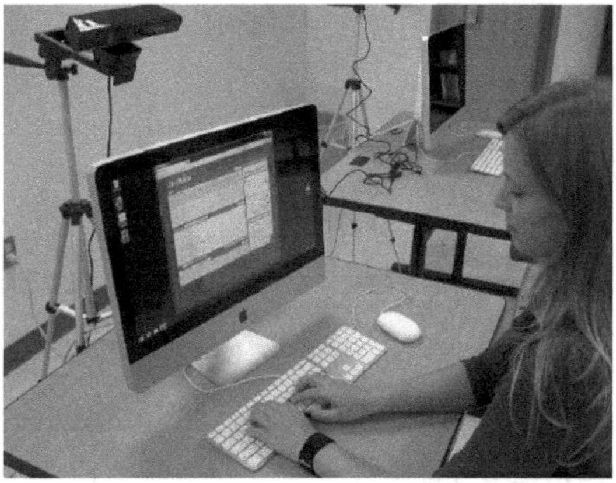

图 4.1　收集学习者手势、面部表情的智能教学系统

(a)额头下压　(b)眼睑抬高　(c)嘴角下压　(d)嘴唇紧闭

图 4.2　学习者的四个典型表情

图 4.2 是该研究应用网络摄像头在预测模型中采集的四个典型表情。图 4.2（a）额头下压和图 4.2（b）上眼睑抬高与学习者成绩呈正向相关，图 4.2（a）表示在短时间内的混乱与挫折感，图 4.2（b）表情与集中注意力有关，表示学习者可能正在进行批判思考以解决实际问题，图 4.2（c）嘴角下压通常与挫折感相关，表示对学习成绩负向预判，图 4.2（d）与沮丧情绪相关，嘴部放松可以对学习成绩做正向预判，当嘴唇紧闭时对成绩有负向影响。

图 4.3 是一位学习者在看到“How can you fix your code?”这个问题提出后三秒钟时间内被捕捉到的表情，该表情是与成绩正向相关的图像，与教学系统中该学习者完成了问题回答相吻合。经过 Ledalab 等软件对学习者面部表情及皮肤电变化数据的分析，结果显示，学习者的面部表情与皮肤电传导反应可以用于预测学习效果，未来植入面部表情识别功能的教学系统可以在发现学习者的困惑时提供相对应的指导帮助。

图 4.3　学习者被提问后三秒内的面部表情

4.2.2　跟踪眼动数据判定学习者模型

人工智能除了识别学习者的面部表情，还可以从学习者的眼动数据跟踪中分析学习者的学习兴趣、内容偏好等。Mathews 等开发了一个被称为 EER-Tutor 的智能辅导系统[30]，用于获取开放学习者模型（Open Student Model，OSM），此处的开放学习者模型被定义为学习者如何看待其正在学习的知识，智能教学系统正是依据这个学习者模型来判别每个学习者的学习情况，然后做进一步的教学辅助。在这项研究中，学习者模型的形成依赖于系统对学习者眼动数据的跟踪，图 4.4 是该研究中某位被试学生的眼动数据图，被试者对某一概念的凝视时间越长，节点越大。

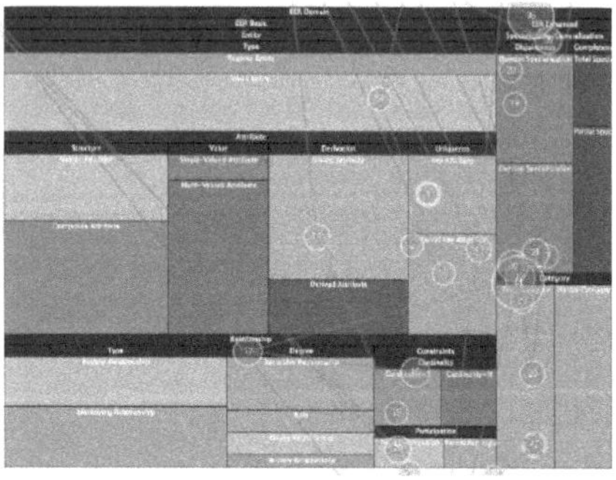

图 4.4　学习者眼动数据跟踪结果

Antonija 等研究发现，每个学习者对呈现在屏幕上的内容的凝视时间差异显著。这项研究选择了来自新西兰坎特伯雷大学大二数据库课程的 17 名本科生，使用 Tobii TX300 眼球数据追踪仪跟踪、测试学生的内容关注点、关注时长等数据。

智能教学系统通过语音识别、图形图像识别、表情及手势识别等多种形式捕捉、感知学习过程和学习状态，然后 ITS 又根据这些数据更新学习者模型，后续学习过程中会相应地给不同学生呈现不同教学内容。同时，ITS 给学生提供的反馈也走向多模态化，新型智能教学系统也能综合应用自然语言表达、文本显示、预制的动画或视频等多种形式给学生提供人性化的生动反馈。

4.3　开源智能教学系统的架构与功能

4.3.1　通用性智能教学系统的功能框架

开源的通用智能教学框架（Generalized Intelligent Framework for Tutoring，GIFT）作为一个强大的开发工具为智能教学系统的研究人员提供有力支撑。GIFT 提供了教学创作、教学管理和教学评估三项功能来将系统各构成要素结合成整体[31]，以实现离线或实时处理、创建、传递、理解智能教学系统发出的指令。

1. 教学创作

GIFT 的教学创作功能旨在降低在各种任务领域中编写 ITSs（Intelligent Tutoring Systems）所需的技能和时间。GIFT 系统的创作功能由规则、工具和方法三部分组成，使各类教学创作者，包括教学设计师、开发人员、教师、课程管理人员和领域专家等能够在对软件编程规则不是非常了解的情况下创建自己的智能教学系统。系统还支持教学创作者根据教学内容的层次递进关系组织安排教学内容，以合理的顺序呈现给学习者。通过标准化的 GIFT 网关，GIFT 系统还可与外部环境交换教学数据。GIFT 的教学创作工具包括一个标准的网关规范，以及与游戏交互的课程对象（如虚拟战场空间、虚拟医生）、模拟器（如挖掘机模拟器）、应用程序（如 Microsoft PowerPoint）和生理/行为传感器（如 Zephyr Bioharness、Microsoft Kinect、Emotiv Epoc EEG）。开发人员在编辑课程对象时不需要经过复杂的编程，通过简单的拖拽操作就可以直接将其添加到正在编辑的 GIFT 课程中。GIFT 现在同样支持与其他学习工具交互操作，例如，它可以在 edX 和其他大规模开放在线课程平台做自适应教学开发。

2. 教学管理

GIFT 教学管理功能体现为在不同教学设备上向个人和团队提供教学内容、反馈、支持等，以适应不同学习者或学习团队的需求。作为一个模块化的框架，GIFT

还允许用户将其他辅导系统的教学模型、教学策略添加到 GIFT 中。具体功能体现为：建立模型以适应影响学习表现的个体间状态、特征、偏好等差异；管理教学指导的节奏、方向、挑战水平；监控与管理学习、表现和技能迁移之间的相互作用。GIFT 对学习理论、辅导理论和动机理论都有充分的考虑。在尝试模仿人类专家导师的过程中，GIFT 框架考虑了包括苏格拉底式、渐进式、间接式、反思性和激励性在内的辅导模式，以及一对一的辅导过程。GIFT 框架提供了以学习者为中心的功能集合，这些功能用来识别学习者的状态或特点。通过开放的学习者模型鼓励自主学习，让学习者决定下一步学习什么，并检查他们在掌握学习主题和测量心理属性方面的进展。

3. 教学评估

GIFT 的教学评估功能强调支持适应性教学方法，要基于智能教学系统完成实证评价。GIFT 中的评估功能由一个实验测试台实现，该测试平台可以用来确定环境属性、工具、模型和方法等方面对学习者的参与、学习、表现、保持、推理和技能迁移的影响。Steve 等在 1993 年提出了测试台方法（Test Bed Methodology）[32]，这一理论支持对学习者模型、教学模型和特定领域知识的测试和验证，用以评估学习效果模型中被操纵或被评估的变量。GIFT 教学评估功能允许智能教学系统的研究人员实验性地评价和评估智能教学系统的方法、工具和内容。图 4.5 说明了该实验测试台的模型，该模型不仅充分考虑教学过程中所涉及因素，还可以根据

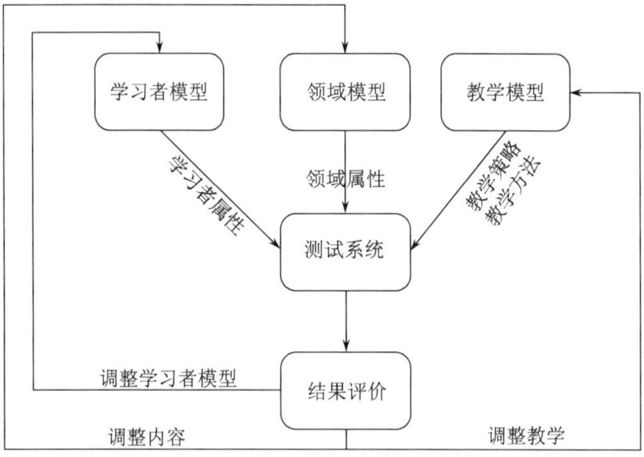

图 4.5　GIFT 的教学评估测试台模型

评估结果进一步明确各相关因素和变量之间的关系，对相应模型做出反馈和调整，进一步优化系统的整体性能。

4.3.2 开源智能教学系统 GIFT 中的课程创建与发布

GIFT Cloud 是基于 web 的应用程序，无须下载便可让研究者、教师和学生访问和使用 GIFT。GIFT Cloud 的使用仅需通过网络浏览器，通过 GIFT Cloud 教学设计者可以在服务器上实现在线的自适应课程设计，并可根据需要将课程从 GIFT Local 导入或导出，也可选择将其上传到在线个人空间。GIFT Cloud 和 GIFT Local 的结合让 GIFT 系统的使用环境更加多样化，提升了 GIFT 系统的鲁棒性。GIFT Cloud 中的课程创建模块允许用户创建并编辑自己的课程，课程发布模块是从现有课程创建不可编辑的副本。

1. 课程创建与编辑

图 4.6 展示了创建并编辑 GIFT 课程的界面，工作区分为三个主要部分。页面顶部是系统导航栏，左侧导航栏包括课程性质、课程对象和媒体，可以编辑课程描述、新建概念定义、设置课程封面等；通过拖拽操作可添加课程对象到右侧工作区，目前 GIFT 支持添加多种类型的课程对象，包括文本、图片、网址、视频、PPT 等，用户同样可以在这一模块添加调查、创建导师对话、编辑问题题库等，在添加调查后，能够根据学习者的回答情况评估学习者目前的状态是新手、熟练者还是专家，继而将结果传递到教学模块选择下一步教学策略；在创建导师对话时，用户通过设定回答关键词以帮助系统判定学习者是否已经掌握该知识；媒体模块支持上传各类与课程相关的媒体文件，包括音频、视频、动画等类型的文件。右侧工作区展示目前课程的逻辑结构，顺序展示目前课程所包含的学习材料，用户需在工作台完成保存、测试、回复、预览等一系列操作，工作台支持用户在编辑课程过程中修改当前课程的名称及查看课程的协同创作者。在 GIFT 的最新版本中，课程内容会以课程开展的顺序显示在工作区，课程编辑人员能够自由选择在课程开展过程中呈现给学习者的内容及其顺序，而且根据学习者反馈情况的差异可创建不同的学习分支，对不同掌握程度的学生采用不同的学习策略，开展不同进度的学习，使教学更具针对性和适应性。

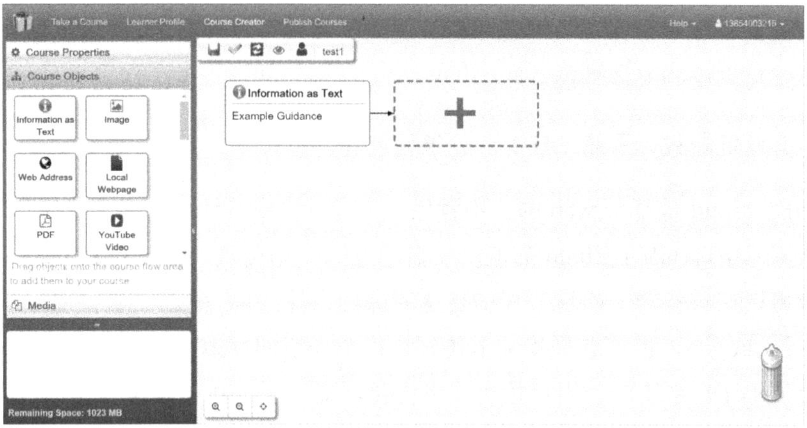

图 4.6　GIFT Cloud 中的课程创建与编辑

2. 课程发布

为了控制数据收集条件，GIFT Cloud 的课程发布后将产生一个现有的 GIFT 课程的不可编辑副本。此外，创建时还会生成访问该课程的唯一链接，该链接会共享给课程参与者，参与者能够访问发布的课程。课程发布之后允许暂停发布和恢复课程发布，以适应数据收集计划。点击课程名称即可显示目前发布课程的细节信息，包括课程描述、唯一访问链接、课程 ID、参与者尝试次数、最后一次访问的日期和时间等。对于发布的课程 GIFT 还支持使用“创建报告”功能自定义下载课程使用的报告和数据，数据报告能够从系统导出到本地。利用课程发布功能，课程的创建者能先在小范围内对课程进行调研，统计并收集数据。

4.3.3　GIFT 的应用实例分析

GIFT 已经在多个领域实现不同类型和不同情境的课程开发，在此梳理三个具有代表性的案例以期展示 GIFT 智能教学系统的教学实效。

1. 通过捕捉并利用学习者的情绪反馈进而在智能教学系统中给出更有效反馈

Jeanine 主导了一个历时三年的研究项目。这一研究项目在 GIFT 智能教学系统和 TC3Sim 游戏模拟背景下进行[33]。TC3Sim 是一款严肃游戏，也被称为 vMedic，参与者将在游戏中接受关于战斗伤亡人员护理技能的训练。该研究通过三个阶段的实验，基于 GIFT 成功搭建出能够捕捉学习者情绪的情感模型，检测学习者在学习过程中的沮丧情绪并收集反馈信息，教师可以根据情感检测器和学生在教学系统中的行为表现数据搭建起学习者情感模型并建立学习者档案信息，从而在学习者今后的学习过程中通过捕捉学习者的情绪，继而提供不同的反馈信息以帮助学习者达到更好的学习效果。

2. 应用 GIFT 系统支撑小组和团队学习

Fletcher 和 Sottilare 共同主导完成了对团体学习应该如何使用智能教学系统的研究[34]。他们明确了 ITS、共享心理模型和团队协作这三个概念之间的关系和作用，提出基于 GIFT 框架的共享认知心理模型来为有不同类型需求的团队提供适应性指导。GIFT 框架所包含的模块通过标准化信息进行交互，共同搭建成完整的团队共享心理模型。其中，学习者模块与 GIFT 提供的传感器接口相结合，用来收集团队成员的学习、表现、记忆等数据，建构学习者模型，进而整合每位成员的数据，分析各成员之间的相似性和差异性，形成团队的整体模型，确定团队的集体目标和状态。教学模块将团队和个人的当前状态与预期状态相比较，以集体目标为依据，选择最佳的教学策略，在适应性模拟情境中来培养和锻炼团队能力。在教学过程中继续收集并分析团队数据，针对个人或团体表现继续修正教学策略从而不断提升团队整体能力。知识模块则是对教学模块所选择的教学策略进一步具体化，将教学模块所给出的策略建议转化为特定领域的教学策略，这些教学策略包含了向学习者展示的学习内容、顺序、速度以及备选反馈方案等。知识模块同样可以利用强化学习机制来改进有效教学策略的选择。该研究表明，在团队共享心理模型中应该将每个成员的准备状态、行动的恰当时机、任务本身的价值考虑在内，另外在共享心理模型中，团队成员的交流频率和类型也会影响团队的整体表现和效率。在该研究中，GIFT 系统框架既能够针对个体学习者进行分析和评估，还对现有框架所包含的模块灵活组合运用，构建出适合的团队模型，对团队整体和团队成员开展适应性指导。

3. 借助 GIFT 在技能训练领域开发符合教学需求的课程或模型

在由 Goldberg 和 Amburn 等合作完成的研究项目中，研究者以训练士兵枪法为目标，通过 GIFT 框架中的传感器模块搜集、整理专家数据建立起合适的专家模型[35]。研究者分析出在枪法训练中的影响因素包括呼吸、触发器控制和目标跟踪，通过大量的重复试验来确定这一通用专家模型的有效性，并且在此基础上进一步识别出在枪法表现中有不同行为技巧的专家，通过 SPSS 创建模型和交叉折叠验证检查，验证这些行为对绩效结果的影响。通过这一专家模型，在士兵枪法训练时可以诊断出新手所犯错误与哪些因素有关，提出改进建议，从而提升士兵枪法在心理运动领域的技能水平。值得注意的是，在这一研究项目中，GIFT 能够识别并评估士兵当前的行为，并使用一些策略搜集到信息来选择要纠正的概念和干预反馈策略。

以上三个案例分别从情感分析、团队学习和技能训练三个方面展示了 GIFT 的应用情况，有代表性地体现出 GIFT 可以在不同学习领域很好地适应不同情境下的教学或训练需求。在 GIFT 社区中和其他案例研究中，GIFT 的使用者和研究者还关注 GIFT 本身的架构问题、模型问题以及适应性教学系统标准（Adaptive Instructional Systems Standards，AISS）等。基于对实例的分析，在现有技术条件下，对学习者个体的智能教学指导、评估和反馈的实现已经较为容易，研究者们如今更多地关注如何在团队学习模式下精确、有效地在学习者个体和整个学习团队两个层面最大限度地发挥智能教学系统的作用，以及如何制定适应教学系统标准来规范和统一对学习状态的评判。在 GIFT 用户交流会议中，GIFT 研发团队、领域研究人员与广大用户对此深入探讨，需要进一步提高情感识别的准确性和团队指导的适应性。

4.4 对学生智能感知的系统应用

中国海洋大学计算机科学与技术学院的研究团队了开发 Ebook 系统，又进一步完善其阅读电子书的功能，一方面使得电子书格式种类更加丰富，除了之前可以阅读 epub 格式的电子书之外，还可以阅读 pdf 格式的电子书，因为 pdf 格式的教材、参考文献和教学材料非常多，而 epub 格式的相对较少，所以电子书种类的扩展使得在教学过程中使用 Ebook 系统更为方便，另一方面在 Ebook 系统中增加了基于长短时注意（Long Short-Term Attention，LSTA）网络的学生学习效果预测模型和基于学习矢量量化的学生优良学习行为挖掘功能，可以基于学生一段时间的学习行为对其学习效果进行预测，并为其推荐优良的学习方法，对学生的学习具有指导意义。在 Ebook 系统开发完成之后，由于其功能的扩展，项目团队将其重新命名为 Elearn 系统。

在研究生《深度学习理论与实践》课程中对 Elearn 系统进行了实际应用，在采集学生真实数据的同时，开展了学生学习等级预测和学习行为挖掘的工作。特别地，围绕 Elean 系统，项目团队构建了新的《深度学习理论与实践》课程的教学方案与考核体系，形成了一套（可推广的）深度学习人才培养体系，具体制作完成的教学材料包括教学理论、教学实验指导、教学讲义、实验环境及源码和教学视频，至少可以满足 48 课时的教学需求。在采集的真实学生学习行为数据上使用 LSTA 对学生成绩等级进行预测，精度达到了 91%，每条数据的测试时间仅为 0.0009 秒。使用学习矢量量化方法对学生学习行为数据进行聚类分析，并重点考察等级为优的类簇当中学生的学习行为，发现学习时长、课前预习阅读量和阅读过程中对知识点进行标记的详细程度是几项突出的优良学习行为。

Elearn 系统面向的用户主要分为管理员和学生两种类型，用户使用自己的账号和密码，通过统一的登录界面进入系统。学生登录后，在阅读教材的过程中可以对教材进行一系列的操作，比如“上一页”、“下一页”、“放大/缩小”、“添加下画线”、“添加标记”、“高亮文字”、“添加备忘录”等。学生对教材所进行的这些操作都会以秒为单位记录在数据库中，并通过互联网传回后端服务器。图 4.7 展示了学生对 pdf 教材进行的部分操作。

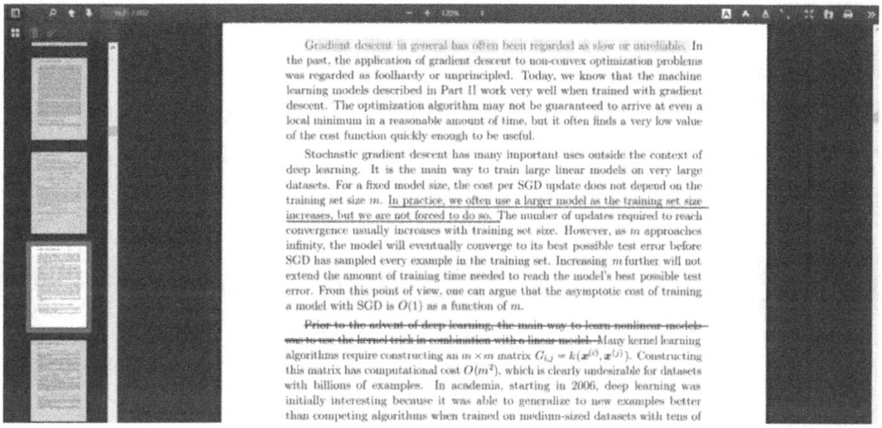

图 4.7　Elearn 用户操作界面

管理员所能使用的系统功能主要包括学生管理、课程管理、教材管理等。在学生管理系统和课程管理系统中可以对学生和课程进行增删改查操作。在教材管理系统中，管理员可以添加格式为 pdf 的电子书籍作为教材，在教材添加完成后，学生就能在在线阅读系统中对相应教材进行在线学习。另一个比较重要的管理员功能是教材提高系统，利用这个功能，系统管理员可以根据课程和教材查询学生在不同的时间段对教材进行的操作，有助于老师对学生学习情况有一个大概的认知，也可以帮助老师认识到教材目前所存在的不足之处并做出适当的改进。图 4.8 展示了用户管理界面。

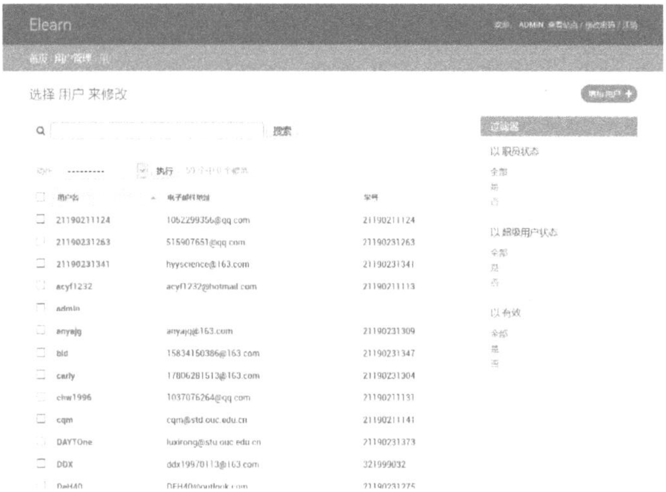

图 4.8　Elearn 用户管理界面

学生使用 Elearn 系统的学习行为会以秒为单位记录在数据库中，并传回后端服务器。结合考试成绩，最终会形成关于学生学习行为和学习效果的一个大规模数据集。由于其客观准确性，可以用于对学生学习行为做进一步挖掘，发现优良的学习习惯和方法，以指导更多学生的学习活动。后台的用户操作记录如图 4.9 所示。

图 4.9　Elearn 用户操作记录

学生的学习行为数据具有时序性的特点，所以可以使用深度学习领域的循环神经网络来对数据进行学习和处理。为了对学生的学习行为数据进行分析和预测，本项目提出一种新的循环神经网络结构，长短时注意网络，它在传统长短时记忆（Long Short-Term Memory，LSTM）网络的基础上增加了注意力（Attention）机制。LSTM 所具有的注意力机制可以帮助它更加关注重要的输入特征，而快速丢弃不重要的特征，使得模型学习效果更好。

基于学生的学习行为数据和成绩等级，项目团队使用学习矢量量化方法对不同等级的数据进行监督聚类，特别地，为了发现优良的学习行为，对等级为优的学习行为数据进行重点考察，从而发现一些值得借鉴的学习习惯和学习方法，以推广和指导其他学生的学习活动。

第5章　学习分析技术支撑下的适应性学习

5.1　自适应学习概述

人工智能技术的飞速发展，给人类的工作生活带来了极大的便利，随着人工智能与各行各业的融合，“教育智能”一词走进了教育工作者的视野，智能教育也对学生的学习能力提出了新的要求——学生应具有自适应学习能力。自适应学习要求学习过程应该是一个积极的、建设性的过程；要求在学习过程中做到以目标为导向；要求在学习过程中注意自我反馈；要求在学习过程中充分发挥认知、行为和动机的作用。为了更好地实现学生的自适应学习，应该努力建设适合学生进行自适应学习的平台，实现平台的资源支撑和技术支撑。在自适应学习过程中，学生应充分发挥时间管理、元认知、认知调节和批判性思维等策略对于学习的积极作用。

5.1.1　自适应学习的概念与典型特征

自适应学习（Adaptive Learning，AL）与自调节学习（Self Regulated Learning，SRL）关系最为密切，但又有很大的不同。AL 方面的著名专家 Posner 在 2017 年接受采访时，曾对 AL 做出如下定义：适应性学习是利用人工智能主动为每个人的需求量身定制内容，它利用机器学习、认知科学、预测分析和教育理论等广泛的知识领域，使这种以学习者为中心的教育愿景成为现实。维基百科（Wikipedia）对适应性学习也做出了类似的阐释：适应性学习使用计算机算法来协调与学习者的互动，并提供定制的资源和学习活动，以满足每个学习者的独特需求……计算机会根据学生的学习需求调整教学材料的显示方式。以上两种定义把自适应学习界定为一种学习活动或者是学习的形式，但也有不少学者将自适应学习界定为一种技术。如 2018 年的地平线报告中将自适应学习定义为以个性化学习为核心，与学习分析紧密相连的技术，它可随时监控学生的学习进度，并通过分析数据来改进教学[36]。何克抗指出自适应学习技术是指根据学习者的个性特征与具体情况，通过呈现适当信息与学习资料，提供反馈和建议来创设符合学习者需要的智能学习环境的技术[37]。

很显然，将自适应学习作为一种技术能够更容易与自调节学习相区分，也能体现出自适应学习技术对自调节学习、个性化学习等学习活动的支撑。Pintrich 将 SRL 定义为“一个积极的、建设性的过程，学生为他们的学习设定目标，然后试图监控、调节和控制他们的认知、动机和行为，受他们的目标和环境的指导和约束”。Kizilcec 等在 2017 年探究自调节学习策略的使用与在线学习目标达成之间的关系时，提出如图 5.1 所示的自调节学习的流程，可以分为目标设定（Goal Setting）、策略计划（Strategy Planning）、自评估（Self-Evaluation）、任务策略（Task Strategies）、详细描述（Elaboration）评估学习结果、寻求帮助（Help-Seeking）等六个方面[38]。

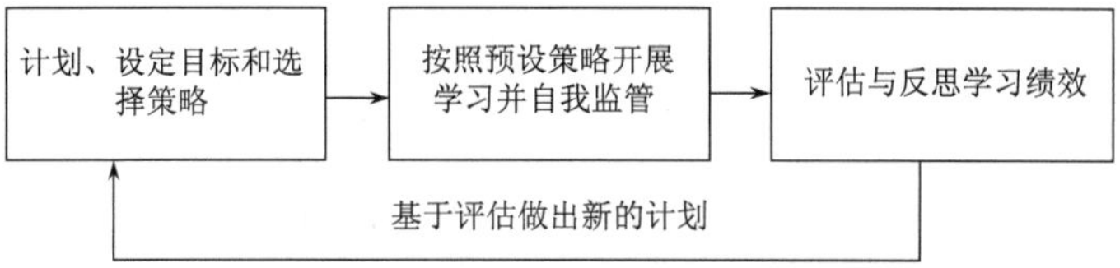

图 5.1　自调节学习的循环流程

SRL 重在关注两个方面：①关注学习者如何主动制订适合自身的学习策略；②关注学习者在目标制订、学习过程、评估反思三个阶段的具体表现。自适应学习技术是以学习者为中心的前提之下，主要关注适应性学习系统（Adaptive Learning System，ALS）或者智能教学系统（ITS）提供什么样的学习资源和如何引导学习者的学习活动，自适应学习技术在学习活动的每个阶段提供技术支撑。自适应学习作为技术给自我调节学习提供强大的智能支撑，在形成和设定目标的初始阶段，适应性学习平台帮助学习者对自身学习风格、当前学习水平做出分析，在学习过程中，应用各种反馈给学习者提供即时监管、提醒，在阶段性学习结束后，根据学习日志和学习者的综合表现形成学习绩效评估。

5.1.2　自适应学习的实施策略

自适应学习技术旨在模仿或支持优秀教学者，以便为每个学生提供最佳的学习体验，但需注意的是，这里的技术仅是模仿或支持，绝非全部的替代。技术适应学习者现在主要包含两种策略：一种是根据适应性因素设计适应个人的学习经历；另外一种是根据学习者当前学过、掌握的知识内容进而算出接下来的学习路径[39]。

1. 根据适应性因素设计适应个人的学习过程

被称为适应性因素或者适应性因子的内容涵盖多个方面，通常包含学习者的知识背景、人口学数据（年龄、性别等）、兴趣指向、成绩水平、学习风格等，适应性技术要根据这些适应性因子来设计学生的学习过程。这是一种根据适应性因子所设计出来的学习过程，一般在开始学习之前要借助一些量表、问卷或试题给学生做全面的测试。不仅是以上这些传统的适应性因素，当前的自适应学习系统应用了 SRL 中一些已经被广泛接受的学习策略来分析学习者的当前状况，如为了使学习者进入到一个清晰的目标导向的学习状态，在学习开始前让学生选择自己倾向的目标表述方法。

通常而言，学习支持系统在提供学习目标表征方面有多种选择，包括图式机制、编码机制、触觉线索和物理表征等多种模式。Martina 对 119 名本科生进行适应性化学学习实验，系统一开始设定了三个目标让学生达成，这些目标分别用以上四种模式呈现，让每名学生选择自己倾向的目标表征模式。通过在适应性学习平台上的学习以后，结果表明，对于知识再现的学习目标而言，呈现图式机制比其他机制更重要。对于知识迁移的学习目标而言，编码机制更重要，为学习目标提供触觉编码线索的物理表征似乎能提高学生将知识应用于新场景的能力[40]。这一结论为学习目标中的知识呈现方式提供了参考，如果目标是增强知识再现，则可能会优先考虑呈现图式机制。如果为增强知识转移，则需为概念提供触觉线索，可以选择物理表征，或选择使概念更加突出、更加形象化的表征形式。

2. 根据已经学过的内容计算个人的学习路径

这类适应基于这样的假设，即学生已经学过什么将决定他/她后来要经历什么。学习者掌握了什么？学习者接下来应该经历什么？根据对这两个问题的回答，自适应学习系统能够应用算法为学生在正确的时间提供正确的学习内容。常见的算法是贝叶斯知识跟踪（Bayesian Knowledge Tracing，BKT），它估计学习发生的速率，另一个为学界熟知的框架是项目响应理论（Item Response Theory，IRT），它是在心理计量学领域开发的，用于模拟学习者与离散项目的交互。应用这些算法，可以为每个学生生成不同的内容呈现顺序，或者继续新的内容学习之前，会给某些学习者提供额外的内容推送，以保证学习者进入学习新内容之前的最近发展区。

为了甄别学习者当前的学习水平，学习者可以分为具有高辍学风险、不及格、中等及优秀等不同等级，不同等级学习者所产生的学习过程数据集有较为显著的差异，根据这些数据集所做的计算能为不同等级学习者提供不同的学习路径。图 5.2 是预设的学习路径与适应性学习路径的对比。图 5.2（a）是预设的常规学习路径，学习路径中包含了全部的学习内容，图 5.2（b）是在分析了某个学生的当前学习水平之后，给其提供的适应学习路径，从中可以看出这位学生的学习路径更短，所学内容的总量、序列都与常规学习路径不同。

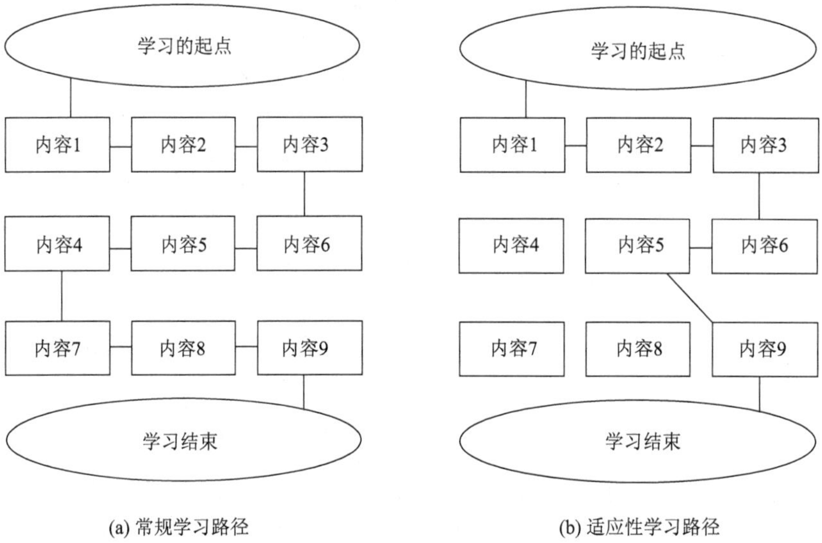

图 5.2　常规学习路径与适应性学习路径的对比

为了评估学生当前的学习水平， Nam 提出了识别学习者辍学风险和降低学习者辍学率的想法，他使用了预警系统，用来识别有风险的学习者，预警系统还能够提供数据驱动的证据，根据这些证据可以为学习者制定策略，降低辍学风险。在经过选择行为变量、整合学生档案信息以及预测建模三个步骤之后，Nam 发现，不同成绩的学习者群体需要不同的学习策略才能在课程中取得成功，例如，对于学习成绩好的学习者来说，反复查看幻灯片这一策略对他们的学习成绩影响不大，而这对于成绩差的学习者来说却是一个很有效的策略；通过结合学习者的行为信息和学业档案，早期预警测试模型在预测学习者在初级 STEM 课程中的成就方面达到了 72%的准确率[41]。

从以上两种策略也可看出，适应性的根本是对学习者学情的精准判断，需要准确地评估学习者当前的学习状态和科学预测学习者的未来走向，学情判断、智能预测等功能已经成为自适应学习平台的常规功能，当前已有的一系列成熟的自适应学习平台基本都具备这些功能，如表 5.1 所示。

表 5.1 部分自适应学习平台产品列表

适用学段	平台名称	平台简介
中小学（K12）	Redbird Advanced Learning	针对 K12 学生研发的数学和写作的在线课程库，具有嵌入式评估数据监控和自动评分系统，可监控学生的学习变化，为学生提供自适应的学习解决方案
	Waggle	为 2～8 年级学生提供数学和阅读辅导，为中小学生提供适应性强的练习。老师可以自主向学生分配目标，然后学生通过完成分配的作业来培养个人技能
	Dreambox	帮助 K8 学生进行数学学习，平台根据数学课程标准制定系列的数学游戏，在学生游戏过程中通过强大的分析系统调整学生游戏的类型，从而监控学生的学习进度
	SuccessMaker	针对 K8 学生提供适应性的、基于游戏的数学和阅读指导。学生根据自己的水平进行练习，系统实时报告学习者的进步，并根据他们的表现调整课程，提供补习或额外的挑战
	ScootPad	培养 K8 学生数学和阅读技能的平台，平台可以为学习者提供自适应的学习路径，也可以由教师主导为学生提供学习路径和评估标准，具有更强的适用性
	StMath	针对 K8 学生的数学学习，基于神经科学研究成果和视觉自适应系统，加深学生对于学习内容的理解，可以为 STEM 学习打下基础
	i-Ready	为 K12 的学生提供数学和阅读的辅导，可以通过细致的评估标准为学生提供自适应诊断，同时基于 iPad 以游戏等形式为学生提供在线指导
	Istation	为 K8 学生提供数学和阅读辅导，学生通过交互式的游戏进行练习培养技能，教师通过教师资源仪表盘下载课程计划和材料，监控学生的学习进度和学习效果
	LearnBop	为 K12 学生提供数学辅导，分析学生练习过程中出现的问题并提供逐步分解的解决方案，提供给教师分类的学习仪表盘，教师可以根据仪表盘调整教学内容进行个性化的教学
	Lexia（Core5 Reading）	以游戏的方式鼓励学生学习，在学生学习的过程中实时监控学生的数据，并分析学生之间的差距，从而为学习者提供有结构的、连续的学习
	MathSpace	为 5～12 年级的学生提供数学指导，通过实时反馈系统，在学生学习过程中提供指导，教师通过系统自建课程，并为学生提供个性化的作业
高等教育	McGraw-Hill Education	ALEKS 为 K12、高等教育提供教学测评和在线一对一辅导的系统，Connect Master 为大学教师和大学生提供自适应学习系统
	LearnSmart 和 SmartBook	LearnSmart 是互动教材，根据学生对随机测试的回答改变课程的内容，SmartBook 是智能教科书，可以跟踪学生的个性化需要
	Fulcrum	通过自适应计算对学习者的自我评价、学习情况、问题表现、学习风格偏好等因素进行分析，并通过网页等形式为学生提供可供选择的学习课件，并生成学习仪表盘，用于教师指导学生学习

续表

适用学段	平台名称	平台简介
高等教育	Mastering	Mastering 根据 Pearson 教科书制作视频课件，可以根据学生的学习反馈调整练习内容，同时教师可以将学生线上表现综合纳入学生总体成绩，实现线上线下相结合
	MyLab	是 Mastering 的姐妹产品，为学习者提供交互式的练习环境，根据学生的线上线下表现为学习者制定学习计划，并提供个性化的线下练习
	Knewton	以图谱化学习内容为基础，结合对学习者学习风格的测定提供个性化的学习路径推荐
	SmartSparrow	集成性的学习管理系统，支持教师创设所见即所得的适应性学习课程，具有强大的学习过程数据分析能力

5.1.3 自适应学习中的多维预测与评估

测评是教学过程中不可或缺的步骤，是教师或教学系统对学生进行学习效果评价的过程。测评功能是自适应学习系统的重要功能，能够开展即时的、自动化的精准测评是优化教学效果、实现因材施教、达到个性化教学效果的重要途径。随着人工智能技术与教育教学的深入融合，自适应学习平台的学习预测与评估已经从最初的对话代理交流反馈走向基于复杂技术的学习过程数据分析、教育大数据挖掘和多维智能评测，使预测学习行为和自动化评分的正确率大幅提升。

1. *学习者行为预测*

第一，基于学习过程的学习分析仪表板（LAD）预测存在学习风险的学生子群。Shabaninejad 团队扩展了学习分析仪表板（Learning Analysis Dashboard，LAD）的功能，设计和开发了一种称为深入洞察学习过程的自动化算法，采用一种称为地球移动器随机一致性检查的过程挖掘方法，以有效指导数据勘探，帮助教育者识别出一个偏离课堂规范、可能需要特别关注的学生子群体[42]。为了支持对学生学习方法的理解，研究采用过程挖掘的视角，根据学生的学习活动、每种不同学习路径的相对频率以及活动的执行顺序来检查和比较学生的学习行为。它检查所有数据挖掘的路径，并使用 EMSC 来检查两个队列的学习行为之间的距离，对每条路径的“洞察力”进行评分。此外，研究还使用一个解决方案集排名函数，最大化多样性排名。教师可以分享推荐成功学习模式给学生，或者了解表现不佳和有风险的学生的偏差，以帮助他们顺利通过课程考核。

第二，通过无监督的机器学习和数据故事化预测学生的成功与风险。Ahmad

和 Nasheen 等介绍了一个交互式学习分析系统 FIRST，能够支持学术顾问或高等教育导师使用临时数据模型、无监督模型和数据故事化方法了解学生在学位课程中的成功和风险[43]。如图 5.3 所示，FIRST 允许学习顾问选择特定的功能，基于无监督的学习算法审查聚合分析并自动为每个学生生成故事。学生故事合成是使用用户选择的特征、指示重大变化的特征以及关于学生的附加数据自动生成的，这些数据综合提供了一个更完整的故事，总结了学生相关的学习经历。故事生成的过程分为三个阶段：获取数据、选择和组织故事成分、文本句子处理。研究通过一项小组试验对 FIRST 进行评估并收集反馈，证实了 FIRST 数据故事化分析法能够实现对学习仪表板式分析的补充，从而支持学习顾问对复杂、临时和参差多样的学生数据进行感知并更好地传达分析结果。

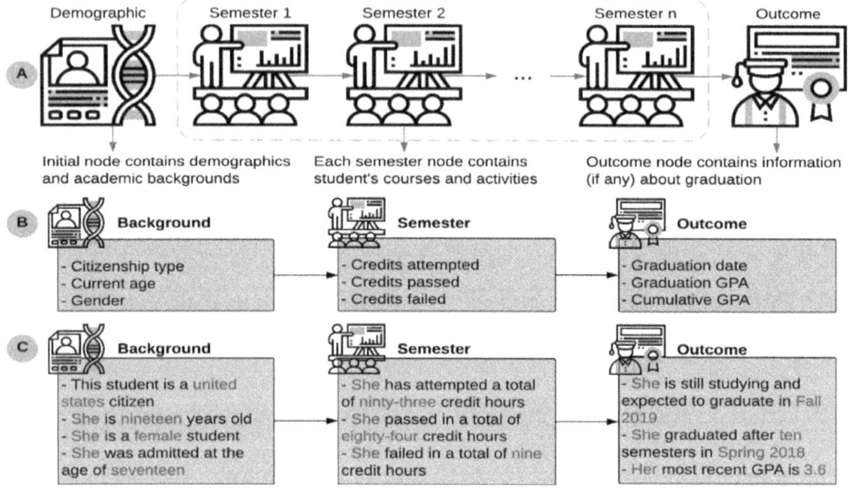

图 5.3 学习者故事生成过程

第三，以机器学习分类算法预测学生在线课程学习中的失败因素。Anagnostopoulos 的团队提出了一种识别学生在线课程失败风险的方法并通过 Moodle 学习管理系统中在线课程的两组数据进行验证[44]。为了提高模型的分类精度，研究将所有的五个基分类器组合成一个唯一的分类模型来增强最终的预测模型，从而构成多数投票集成分类器。研究表明，将多数投票分类模型应用于两组数据具有显著的预测精度。在概念层面上，研究结果提出了与课程学习设计密切相关的预测因素，即能整体完成一套课程的学习、系统参加相关的学习活动对课程的成功学习至关重要，成功地完成学习意味着有一个实际的学生努力行为，这样的行为可能是看视频，与多媒体内容互动，做实验练习或自我评估测验，以及通过形成性评估测试。该研究可以形成更多语义层面上影响学生学业失败的预测因素，也可以为课程的重新设计提供必要的反馈。

2. 自动评分系统的开发与应用

第一，基于语义相似度的自动评分系统。评估作为教育教学的关键环节，自动评分系统已被广泛采用。Tashu 等在研究了现有的自动作文评分系统和电子考试系统的发展现状之后，设计并实现了一个在线作文考试管理与评价系统，作为教师创建和评价论文考试的工具[45]。该系统允许教师通过选择他/她认为不正确的论文答案部分，以评论的形式给出文本反馈。论文答案的自动评价和评分采用 AEE（Automatic Essay Evaluation）方法，利用 RA（参考答案）和 SA（学生答案）计算语义相似度，根据问题的权重计算得分。在他的另一项研究中，使用局部敏感散列法（Locality-Sensitive Hashing，LSH）大大减少了自动论文评价中的注释工作量，它能够实现从大量的文档集合中快速找到相似的文档，并大大减少计算时间[46]。其背后的一般思想是将每个文档使用哈希函数几次，将相似性非常高的相似文档放到一起，并寻找这些相似文档的语法、词汇使用特征。从实验结果可以看出，基于最邻近的 AEE 引擎可以在较低的训练文章集下工作，并且可以与使用较高训练文章集的引擎相媲美，这样就可以减少创建训练文章集所需的注释工作量，能有效避免在注释过程中由于人为操作而产生的偏差。

第二，使用神经张量网络进行的开放式短答评估。Gautam 的研究发现，基于语义相似度的评估方法有一个主要的局限性，它们假设学生答案和参考答案是独立的。但在大多数情况下，学生的回答可能是省略的或者严重依赖于更广泛的上下文，在这种情况下，语义相似度方法将导致简短答案获得低相似度得分，而更依赖原文的答案获得更高的相似度得分。因此即使简短的答案是正确的，也不能准确地评估它们。为了解决这一问题，Gautam 提出了一种利用神经 Tensor 网络（Neural Tensor Network，NTN）在智能教学系统中进行学生答案评估的新方法，使用直接从知识图表中学到的嵌入式向量来表示学生答案和参考答案中的概念，嵌入式向量对实体/概念之间的间接关系进行编码，两个实体共享相同或相似的邻居越多，则其向量表示就越相似[47]。研究人员通过实验评估表明，NTN 模型学习实体向量有助于表示一些未明确提及的概念和关系，从而实现更加准确的智能评估。

第三，基于项目反应理论的神经自动论文评分模型。自动化评估基于以掌握为导向的教学法，自适应学习系统可为每个学生分配不同的问题，以防止学生在学习和练习过程中出现剽窃行为。计算机自适应测试（Computerized Adaptive Testing，CAT）根据项目反应理论（Project Response Theory，IRT），从项目库中选择并呈现在当前估计能力下最大化测试信息的最佳项目。每次回答后，考生的能力评估都会更新，然后选择下一个项目，使其在新的估计值下具有最佳属性。与同一个固定考试相比，针对每个考生的适应性试题选择可以减少考试试题的数量，但不会降低考试的准确性。Ueno 提出了一种新的分类方法，该方法使用最大团算法将一个项目池划分为多个统一的项目组，还通过实验比较了该方法与传统方法的性能，实测结果表明，该方法动态地提高了测量精度[48]。因此，该方法能够被稳定地用来进行自适应测试。

此外，许多基于深度神经网络（Deep Neural Network，DNN）的 AES（Automated Essay Scoring）模型已经被提出并且已经达到了最先进的精度。然而，有研究发现 DNN-AES 模型的表现在很大程度上会受到评分员在训练数据中对论文评分标记的影响。为此，有学者提出了一个集成了 IRT 模型的新 DNN-AES 框架[49]，具体地说，可以将这种方法描述为一个两阶段的体系结构，它将 IRT 模型堆叠在传统的 DNN-AES 模型之上，通过一个实际数据集的实验，该方法显示比传统的 DNN-AES 模型能提供更稳健的论文评分，而且该方法简单有效，能够更容易应用于 AES 模型。

5.2 学习分析技术引发学习者模型、知识模型及教学策略的转型

5.2.1 学习者模型的转型

与传统的智能教学系统和智能教学代理进行比较就会发现，传统智能教学系统中学生模型的形成主要采取如下方式：首先是教师或系统开发者预先设定学生的众多学习风格，如先在学习管理系统（Learning Management System，LMS）中根据菲尔德（Felder）和西尔弗曼（Silverman）的学习风格模型选定学习风格的分类[50]，在学习者开始学习之前进行问卷式的评测，最后根据问卷评测结果选定学生的学习风格[51,52]。显而易见的是，根据简单的问卷评测并不能对学生的学习风格做出准确评测，传统智能教学系统对学习者学习风格的选定策略是在无法获取学习者大量学习过程数据情况下的权宜之计。随着教育大数据概念的深入人心，各类教学系统的数据收集与分析能力得到大幅度提高，学习管理系统有能力鉴别

出学习者的学习风格、媒体偏好、兴趣、认知水平，并能根据学习的进展逐渐调整对学习者的判定[53]。因此，学习者模型的形成范式正在从预设式向生成式转型，如著名的儿童教育内容制作公司芝麻街基于 IBM 具备理解、推理和学习能力的认知系统 Watson 开发各种“个性化学习工具”以认知并适应不同孩子的学习方式，随着每次人机互动，Watson 能够不断优化自身以匹配每个学生的学习模式[54]。

5.2.2 知识模型的转型

鉴于人工智能对大数据收集、处理能力的优越性，在 2017 年美国 ASU-GSU（Arizona State University-Georgia State University）教育科技峰会上，众多科技人员和学者一致认为基于大数据智能的学习分析技术应成为数字化教学系统的标准配置。更值得期望的是，数字化教学系统所收集的学习过程数据还将包括学生的情感信息及学生的元认知策略，教学系统对学习者的理解与判断将达到一个新的高度。当把关注点转移到 MOOC 教学系统之后又会发现，因为 MOOC 系统面向的学习者数量极其巨大，如果 MOOC 系统具备对学习者学习过程的记录，那么学习者对学习内容的重点、难点、学习路径会形成一种公众认知与判断（将被用于对知识的标注），传统智能教学系统中的知识模型将不再仅是知识内容的细化与陈列，还将伴随有对每个知识点的学习策略和学习路径建议，这个学习路径往往要以包含有层次结构和映射关系的知识图谱为基础。因此，应用学习分析技术的教学系统的知识呈现形式及属性表征都变得异常丰富，这对学习者而言意义巨大。传统学习中如果没有老师或同伴的指导，学习者只有在学习很长时间以后才能逐渐认知到正在学习的知识的难度及学习方法，而应用了学习分析技术的教学系统能在呈现知识的同时清晰地表达相对应的学习策略，学习者将少走很多弯路。

5.2.3 教学策略模型的转型

有过一定教学经验的人都会有如下经历，每个学习群体中会有些学生非常勤奋，但学习成绩一直不高。教师往往把这种现象归因于该生学习方法不当，为此，教师要借助与学生的交流，再结合个人经验调整学生的学习方法。但不容忽视的是，学生并不能清晰、准确地表述个人的学习状况，教师的经验虽然宝贵但并不一定适用于所有学生，因此学生的学习方法的调整效果不理想，最终老师只好把学生成绩不高归因于学习动机不高或天资水平欠佳。

正是基于学习者模型与知识模型的转型，学习分析技术能帮助教师打开学生学习过程的黑箱。由于学生个性不同，每个学生应该有其独特的学习路径，教师既可能从学习路径上寻找到不合理之处，也可能从学生在每个知识点的掌握情况上追踪、探查问题的根源，纵使当前是 5 年级的学生，其当前学习的困境可能来自在 3 年级时对某个知识点或某个知识单元没有掌握。例如，在一起作业网这个教学平台上，学生的作业、课堂行为、考试等数据集中起来以后，能够很全面地表征学生的学习行为。同样是得了 80 分的两位同学，传统教育会默认为这两位同学处于同样的能力水平，而一起作业网的智能评价系统会追踪这两位同学的学习过程，分析他们每个知识点的掌握情况和每一道错题的失分点等，从而得出不同的学情诊断。另外，通过对学生作业数据的记录，老师还可为每一位学生整理形成错题本，帮助学生开展针对性练习，实现个性化学习。

5.3 基于 Knewton 系统的自适应学习案例评述

创立于纽约的 Knewton 公司致力于个性化教育研究及平台研发，Knewton 系统拥有庞大的学习资源和先进的学习数据分析能力，个性化学习内容推送精准、有效。Knewton 基于每个学生的独特性，根据学生教育背景、智力水平、学习速率、遗忘速率、注意范围和学习模型的不同，联合教师和出版商为学生提供个性化的学习路径，提供智能化并具有适应性的学习方案，系统平台上的课程主要有英语、数学、化学等。区别于其他学习分析与内容推送系统，Knewton 系统的特点主要表现在以下三个方面。

5.3.1 学习内容以知识图谱形式存储

Knewton 平台系统里有成千上万的内容模块，学习内容的存在形式包括视频、题库、问答对话等，每个模块里的内容可大可小，可能是一个小问题，也可能是一个连续的学习系列。这些内容之间的关系以知识图谱的方式存在，实现知识的可视化，其作用是表示课程材料知识点之间的概念关系。系统会根据学生学习情况给每一个内容打分，系统根据学生表现调整呈现的内容及相应的呈现方式。图 5.4 是 Knewton 系统基于知识图谱形成的个性化学习路径，图中每一个小圆圈都代表一个知识点，圆圈之间的连线就代表一条学习路径，例如，1.1—1.2—2.1—2.2—3.2 就是一条学习路径。

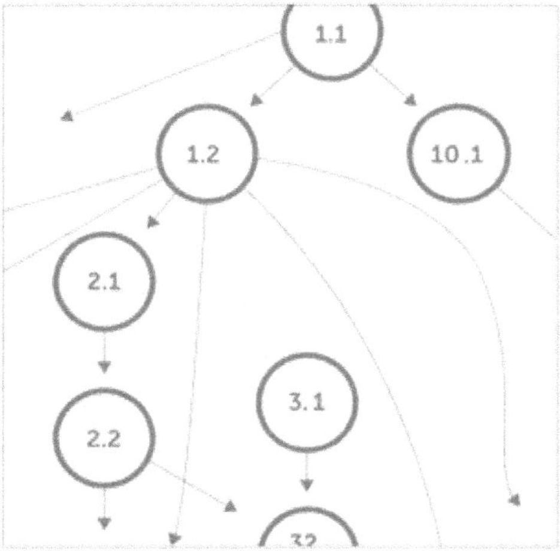

图 5.4　Knewton 系统的个性化学习路径

5.3.2　基于项目反应理论的学习数据分析

Knewton 系统基于项目反应理论把学生的能力建模为问题表现水平，而不是测验表现水平。如在耗时 10 分钟且包含 10 道题目的小测验中，其中两道题目特别简单，两道题目特别难，另外六个题目是中等难度的。在参加考试的所有学生中，其中两个学生都答对 9 道题目，一个学生答错一道简单题，而另一个学生答错一道难道，在传统分级方法中，这两个学生都得 90 分，等级都是 A，并且安排他们进入相同的下一场考试。但在 Knewton 中，由于答错的题目对应的是不同难度，还有可能对应不同的知识点，对学生能力的测试结果会大不相同。

5.3.3　基于多次测试及综合表现的内容推荐

Knewton 的内容推荐系统可以满足不同兴趣和不同学习风格学生的需求，并根据学习的顺序和进度不断调整。不同学生的 Knewton 教材会因为他们的使用习惯而存在差异，同一篇文章篇幅的长短也取决于学生的具体表现。如果某位学生对“细胞分裂”的注意力在开课 15 分钟后持续下降，那么下次上课的时候，Knewton 会在第 14 分钟时停止推送“细胞分裂”的内容。同样地，如果某位学生对视频教学反馈良好，系统会持续推送视频内容而不是文本和音频内容。

由于以上三个特性，Knewton 能较好地作为个人学习情况和课堂教学质量的分析工具，能够可视化学习过程，尤其是能对学习效果、参与程度和知识滞留做出可视化分析。近年来，Knewton 系统已经先后与 Pearson Education、Macmillan

Education、Houghton Mifflin Education 等教育出版商开展合作，为出版社所出教材提供数字化改造与学习平台搭建。

除了上述国外案例，国内的在线学习平台更是大力推进应用学习分析技术支撑个性化学习。例如，在沪江在线平台推出的大学生英语四级课程追踪平台上，近 1.5 亿在线学习用户群体在每个课件的每一页内容、每一个知识点、每个知识点对应的题目及每个题目对应的选项上都有学习行为记录。基于这些学习过程数据，嵌入了人工智能的沪江在线平台使每位学习者获得的课程内容都是个性化的、量身定制的，学习者之前牢固掌握的内容绝不会再次出现，教学系统会给学生智能化推送未复习考点，这在极大程度上节省了学习时间和提高了学习效率。

5.4 基于学习路径挖掘的混合式教学分析

近几年由于疫情等原因，传统面对面教学有时无法正常展开，线上教学成为当然之选。可以预见，疫情过后教师对线上教学的应用会越来越多，线上线下相结合的混合式教学成为高校教学的常态。在线教学平台积累形成大量的学生在线学习数据，基于对这些学习过程数据挖掘的学习分析技术已较为成熟，著名的可汗学院是学习分析技术支撑下成功的自适应学习平台案例，该平台能够根据学习者的兴趣爱好及当前所处知识能力水平进行学习资源的精准推送、学习报告的动态分析及呈现等[55]。国内外高校也在大力推广在线教育平台的使用，如清华在线平台、智慧树等学习平台在国内高校中广泛应用，Sakai 和 Canvas 等平台在美国的高校应用中较为普及。在这些平台上所形成的数据种类丰富、数据量庞大，如果仅限于应用这些数据做登录频次统计、学习时长分析、成绩计算并不能对学生的学习过程做出全面深入的分析，学习过程大数据的效益不能得以充分发挥，由此对学生的学习过程干预也就缺乏科学依据。应用学习过程数据来分析学生的学习路径以及其学习社交网络是评测、考查学生学习过程的重要视角，混合式教学改革中应进一步开展学习路径挖掘并据此形成更为科学有效的教学设计。

5.4.1 混合式教学中的学习路径挖掘

1. 混合式教学的概念及特点

所谓混合式教学（Blending Learning，BL）就是要把传统教学和数字化学习的优势相结合，既要发挥教师引导、启发和监控教学过程的主导作用，又要充分体现学生作为学习过程主体的积极性、主动性和创造性[56]。与传统教学相比，混合式教学突出体现为以下三个特点：第一，强调学生的自主性。基于网络信息技术的教学平台为学生自主开展学习提供了丰富的学习资源，学生可自主开展学习。第二，增加师生的多元互动。网络教学平台成为师生、生生互动的重要平台。第三，为全过程记录学习过程提供了可能。学生在网络教学平台上的浏览过程、发言内容、完成作业练习的情况、与老师和同学的交流过程等都有望被记录下来，为详细分析学情提供了数据支撑。

混合式教学概念的演变先后经历了三个阶段：第一个阶段是从 20 世纪 90 年代～2006 年的技术应用阶段，这个阶段以信息技术为关注重点，主要是尝试对各种信息技术的应用；第二个阶段是从 2007 年～2013 年，这个阶段重在关注师生在这种教学模式下的交互方式，教学上会对传统教学策略与在线教学策略混合使用，探索了自主学习、讲授式教学和协作教学等各种教学策略在混合式教学模式下的应用。第三个阶段是从 2013 年至今的“互联网”阶段[57]。这个阶段把学生的学习体验作为关注重点，高度凸显“以学生为中心”的学习理念，伴随教育大数据和学习分析技术的发展，对学情的关注、分析成为混合式教学研究的重要内容。

2. 大学混合式教学中学习路径挖掘的必要性分析

大学教学研究中长期以来的一个研究重点即是对学情的获取、分析与应用。囿于理念及技术的限制，对大学生学情数据的获取多借助于课堂观察、访谈、问卷调查等方法。但课堂观察的方法仅局限于课堂，相较于学生的全部学习过程，课堂观察所获取的数据量极为有限。访谈、问卷调查等方法使学情数据多出自学生的主观回答，数据的可信度不够充分。混合式教学尽管不可能事无巨细地全部记录学习过程，但学情记录的时间维度得以扩展，不仅是课堂上，而且还有大量的课前、课后学习时间，学习过程记录也是一种完全非介入性的方式，学情数据的可信度大幅提高。正是基于教学研究中对学情分析的迫切需求，以及混合式教学为学情数据获取与分析所提供的技术支撑，混合式教学中的学习路径挖掘便成为一种可能，广大教师有望借助学习路径挖掘来清晰地把握大学生的学习路径，进而做出有效的教学干预，为后续的教学策略调整提供科学依据。

具体而言，学习路径挖掘的意义主要体现为以下两个方面：①探寻学习过程中学习者对知识学习的基本序列，教师据此可以调整知识呈现的顺序与结构，甚至向学生个性化推荐学习内容。如李浩君等利用遗传算法来分析学习者的学习路径，进而为学习者个性化推荐学习资源序列，提升学习者的学习效果[58]。姜强等基于自主研发的个性化自适应学习系统，较为全面地跟踪和记录学习者的学习过程数据，并采用数据分析方法获取学习者的学习路径，通过为学习者提供学习指引来解决迷航问题[59]；②挖掘学生的学习风格和内容偏好。学习路径充分反映了学生的学习风格，赵蔚等基于 Moodle 平台上的学习者学习行为过程数据，运用 SSAS（SQL Server Analysis Services）顺序分析和聚类分析算法，对不同学习偏好、学业成绩、学习风格的学习者学习路径进行挖掘，找出了每个学生所走过的知识地图，然后给学生个性化的点拨与反馈[60]。此外，也有学者运用神经模糊算法，通过分析学习者的活动日志及学业成绩来判断学习者的学习特点，进而设计有利于促进个性化学习的学习路径[61]。

3. 挖掘学习路径的主要方法

开展学习路径挖掘主要依托学习分析（Learning Analysis，LA）技术。该技术主要是测量、收集、分析和报告有关学生的学习行为以及学习环境的数据，用以理解和优化学习机器产生的环境的技术[62]。美国高等教育信息化协会 EDUCAUSE 则认为学习分析技术就是利用数据和模型，预测学习者在学习中的进步、未来表现和发现潜在问题[63,64]。具体而言，学习分析技术主要是用于收集与学生有关的线上线下等多层次的学习过程数据，并利用各类数据分析工具对数据进行解读，获取有关学习者学习行为特点的规律性信息，然后通过教师或学习平台对学习者的学习过程进行干预，从而促进学习者的学习。近些年因为人工智能技术的飞速发展，学习分析的数据类型日益丰富，正逐渐转型为多模态数据分析。

SCORM（Sharable Content Object Reference Model）标准提出学习路径（Learning Path，LP）是指学习活动的路线与序列，是学习者在一定的学习策略指导下，根据学习目标和学习内容对所需完成的学习活动的排序[65]。也有学者认为学习路径是学习者在在线学习平台上进行自主学习的过程中，对网页进行点击操作的一系列有序的记录，存储着学习者的在线学习行为信息。学习路径的设置有预设与生成两种模式，所谓预设即是由教师根据知识地图、教学内容设定好学习路径，然后安排学生去执行。生成式学习路径设置是指由学生根据自己的学习偏好、学习风格、知识水平等在自主学习的过程中产生。应该说，当前混合式教学中学生的学习路径受到以上两个方面的影响，教师的预设是学生学习路径的先导，但实践中由于大学生学习自主性较强，自我安排最终生成的个性化学习路径就更为普遍。

5.4.2 数据分析与讨论

由于“生物化学”课程的混合式教学开展较为成熟，数据积累较为全面和丰富，课程网络教学平台上提供的数据较好地支撑起了整体路径挖掘和聚类路径挖掘。整体路径挖掘是把整个班级学生作为一个学习整体来分析其对学习资料的浏览和访问跳转情况，聚类路径挖掘则是基于对全班同学的细分，按学习风格、学习成绩分类形成不同的子群体，分别挖掘其学习路径，聚类挖掘更为直观地证实了任课教师对因学习路径不同而导致学习成绩差异的判断，学业成绩优良的学习者比学业成绩一般的学习者访问了更多的学习模块，且访问的频率也更高，能够充分利用各种学习资料对所学内容进行巩固练习。

1. 整体路径挖掘

对选修该课程的 28 位学习者进行学习路径的挖掘，通过查看课前自学、课堂活动、课后活动三个学习模块节点的跳转情况，发现整体上的学习路径与授课教师在平台上的模块设置基本保持一致，即课堂活动与其下设的重点解析、课堂资料、随堂讨论和检测之间的跳转概率较大，课后活动与其下设的小组作业、课后测验、课后讨论之间的跳转概率较大，这一定程度上也说明了本次学习路径挖掘的可靠性较好。

从图 5.5 中可以发现，学习者的学习路径不尽相同，但课程小节、课程章节、课前自学、PPT 资料、自学自测、课后测验六个学习模块被访问的概率较高，即学生的参与程度较高，说明在教师的要求下，学习者能够借助在线平台较好地完成课前自学任务及课后测验，教师也能够借助在线平台的监督功能掌控学生的自学情况及课后测验状况。同时，还可以看到，自学自测的自我跳转概率为 67%，课后测验的自我跳转概率为 37%，由此可知，在教师允许测验多次提交的情况下，大部分学生愿意多次尝试从而获得自己满意的分数，课后测验的跳转概率大大低于自测的跳转概率，反映出传统课堂教学对学生的知识掌握起到不可替代的作用。

2. 聚类路径挖掘

在学习过程中，学生具有很大的个别差异。如在学习风格、知识水平方面，这些差异正是教师进行因材施教的依据，为了进一步探究不同学习风格、不同知识水平学习者的学习路径，本节按照学习者的学习风格及学业成绩对数据分类整理，利用 SSAS 顺序分析及聚类分析算法挖掘学习者的模块访问路径数据，依此总结出不同学习风格、不同知识水平学习者的学习路径特点。

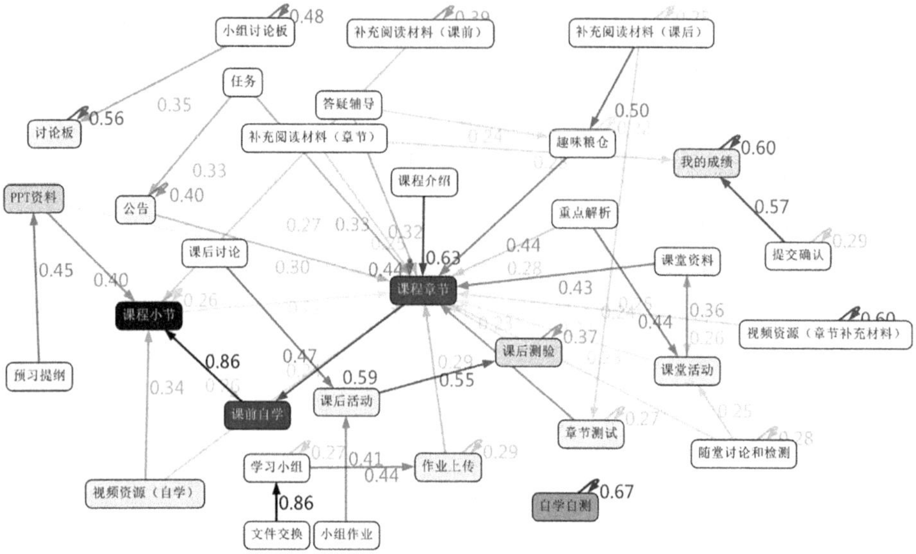

图 5.5　整体路径挖掘

（1）按学习风格聚类。

学习风格是学习者持续一贯的带有个性特征的学习方式，影响着学生的学习行为[66]。依据 Felder-Silverman 量表对学习者学习风格进行四个维度的划分，第一个维度是视觉型及言语型。视觉型学习者倾向于接收类似于视频图片、流程图、图表等能带来较强视觉冲击的学习资源，而言语型学习者则倾向于文字文本类的学习资源。表 5.2 为视觉型及言语型学习者的模块访问占比，表中信息非常清晰地展现了视觉型学习者及言语型学习者的学习偏好，视觉型学习者对视频资源的访问率大于言语型学习者对视频资源的访问率，而言语型学习者对 PPT、预习提纲、课堂材料、重点解析这几类文本学习资源的访问率则均大于视觉型学习者在相应学习模块的访问率。此外，从表 5.2 中仍可以看出，同样是以视频形式呈现的学习材料，放在章节补充材料的视频访问率要远低于放在自学材料里的视频访问率，因此教师可以考虑将视频资源都分布在各个课前自学模块里。

第二个学习风格维度是序列型和综合型。序列型学习者倾向于由局部到整体，习惯于先有逻辑地学习小的知识点，然后逐渐构建大的知识框架；而综合型学习者则倾向于由整体到局部，这类学习者通常习惯于先了解某一领域知识的整体结

表 5.2　视觉型及言语型学习者的模块访问

模块	访问频率（序号）	
	视觉型	言语型
PPT 资料	3.2%（6）	7.4%（4）
预习提纲	1.0%（16）	1.8%（8）
课堂资料	1.0%（15）	1.2%（11）
重点解析	0.5%（20）	1.1%（14）
视频资源（自学）	2.4%（8）	0.6%（16）
视频资源（章节补充材料）	0.1%（26）	0.0（27）

构，然后再深入到具体的知识点中。表 5.3 展示了序列型和综合型学习者的模块访问占比。由数据可知，序列型学习者访问“课程介绍”的所占比例为 0.3%，排第 22 位；而综合型学习者范文“课程介绍”的所占比例为 0.4%，排第 18 位。课程介绍是整个在线课程资源中唯一能体现该课程知识框架类的模块，所以数据挖掘再一次验证了学习风格对学生学习行为的影响。相比较而言，“预习提纲”这一教师以发问形式给学生展现具体知识点内容的资料则更受序列型学习者的偏爱，但这一模块能够体现整体知识框架的资料不足，所以两类学生间的学习行为差异并不显著。

表 5.3　序列型和综合型学习者的模块访问

模块	访问频率（序号）	
	序列型	综合型
课程介绍	0.3%（22）	0.4%（18）
预习提纲	1.1%（15）	1.0%（15）

依据 Felder-Silverman 量表形成的第三个学习风格维度是感悟型和直觉型。感悟型学习者倾向于在实际案例、实际问题中发现问题、解决问题，然后再去学习相应的理论知识，直觉型学习者则恰好相反，这类学习者倾向于先学习具有逻辑性的一系列知识，擅长于概念、理论的学习和掌握，然后再将知识应用到实际中去，解决实际问题。因为本节所选课程为工科课程，所以教师提供的视频资源里有大量实际案例的操作，数据挖掘显示，感悟型学习者的“视频资源（自学）”模块访问占比为 2.3%，而直觉型学习者的“视频资源（自学）”模块访问占比为 1.5%，显示出感悟型学习者的案例学习占比较大。同时，分析“视频资源（章节

补充资料）”模块的播放数据也可以看到，感悟型学习者有 68%的概率会选择再次播放视频，一方面说明案例有一定难度，实验操作较为复杂，需要多次观看，另一方面也证明了感悟型学习者习惯于从实际案例中学习的偏好。另外，由于 PPT 资料多为教师课堂教学所用课件，以理论概念的学习为主，所以在数据挖掘的分类剖面图中查看“PPT 资料”模块时，发现直觉型学习者访问“PPT 资料”模块的访问占比为 5.9%，感悟型学习者的“PPT 资料”访问模块占比仅有 2.5%，由此可见直觉型学习者确实倾向于先学习理论类知识。

第四个学习风格维度是活跃型和沉思型。活跃型学习者倾向于做中学，实践先于思考，且喜欢在团队合作与交流中学习，而沉思型学习者则倾向于独立思考，独立工作。图 5.6 和图 5.7 分别为活跃型学习者和沉思型学习者的学习路径挖掘图，可以看出，两个不同学习风格学习者的学习路径差异并不大，活跃型学习者在“讨论板”这一模块的重复点击概率为 63%，略高于沉思型学习者的重复点击概率 52%；但查看数据挖掘分类剖面图的图例信息，却会发现沉思型学习者参加论坛及小组的讨论活动占比要略高于活跃型学习者。究其原因，主要有两点，首先是该门课程在组织过程中并未充分应用讨论板这一师生互动区，学生的讨论与交流积极性没有被充分调动，教师发出的帖子鲜有学习者进行回复和反馈。其次，本节查看了仅有的回复教师帖子的两位学习者的学习风格，均为沉思型，且均是就课上的存疑问题对教师进行提问，这恰好印证了沉思型学习者善于自我思考的学习行为偏好。

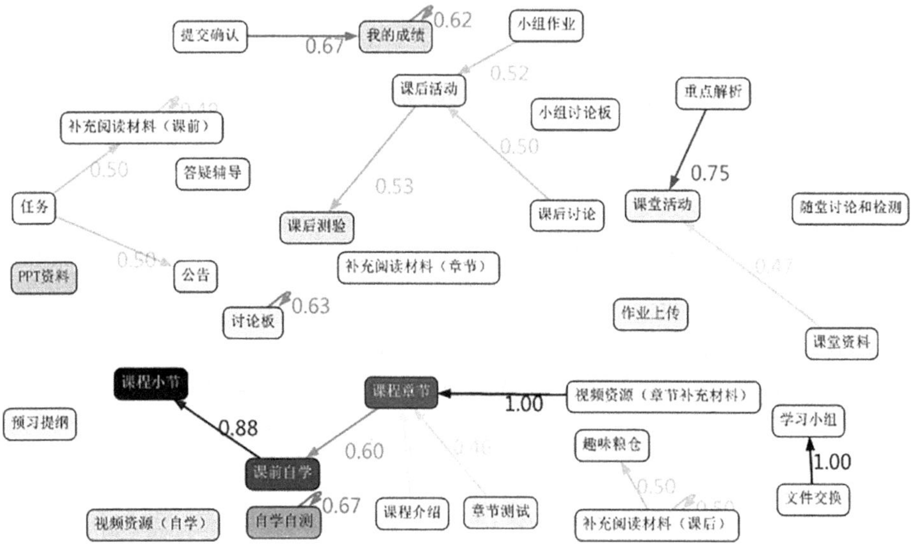

图 5.6　活跃型学习者的学习路径

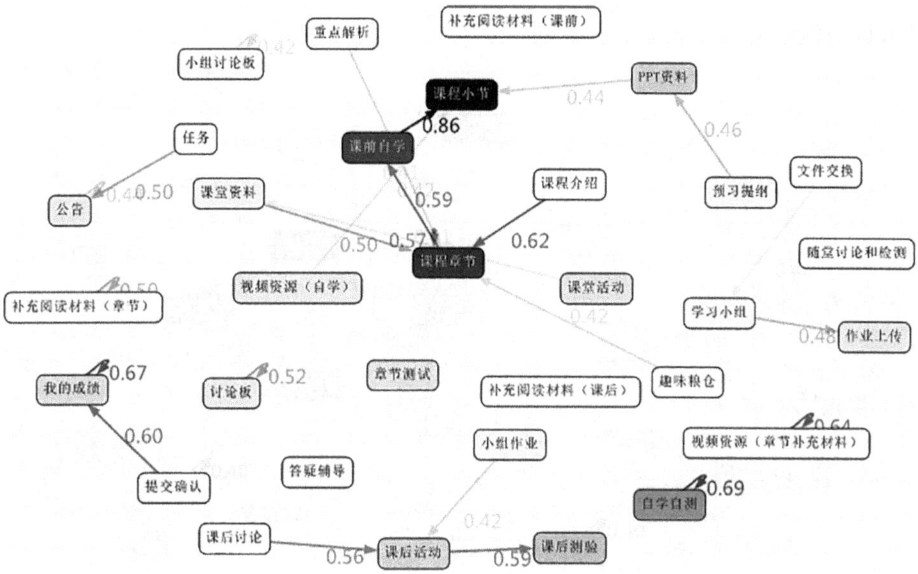

图 5.7　沉思型学习者的学习路径

（2）按学业成绩聚类。

学业成绩优良的学习者一般都有较好的学习方法，所以通过对学业成绩优良及学业成绩一般的学习者进行学习路径的数据挖掘，可以总结出不同学业水平学习者的学习路径特点，进而为学习者介绍分享好的学习路径，提高学业水平。将成绩高于但不包括 85 分的成绩认定为优良，将成绩低于但不包括 65 分认定为一般。

图 5.8 和图 5.9 分别为学业成绩优良及学业成绩一般学习者的学习路径，由图中的模块节点的深浅、节点间连线的多少可以直观地看出学业成绩优良的学习者比学业成绩一般的学习者访问了更多的学习模块，且访问的频率也更高，能够充分利用各种学习资料对所学内容进行巩固练习。在课前自学方面，学业成绩优良的学习者有查看预习提纲的习惯，且对视频资源有较多的访问次数。

图 5.10 和图 5.11 分别为学业成绩优良及学业成绩一般的学习者在各模块之间的转换概率图。由图可知，学习成绩优良的学习者会访问如“趣味粮仓”这类拓宽知识面广度的补充阅读材料，也会更多地关注教师在“公告”里发布的通知，表现出对自己学业负责的态度。学业成绩一般学习者对学习模块的访问大都局限于几个和成绩息息相关的必做模块。此外，学业成绩一般的学习者倾向于访问“答疑辅导”模块，这也表明这类学习者在学业上容易遇到困难，相较于补充阅读材

料来说，他们对答疑辅导的需求更大。

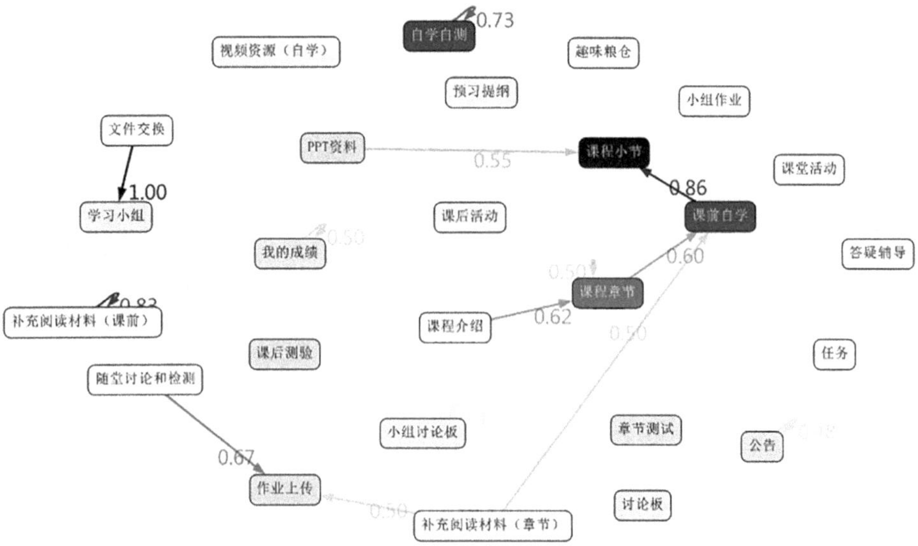

图 5.8　成绩优良学习者的学习路径

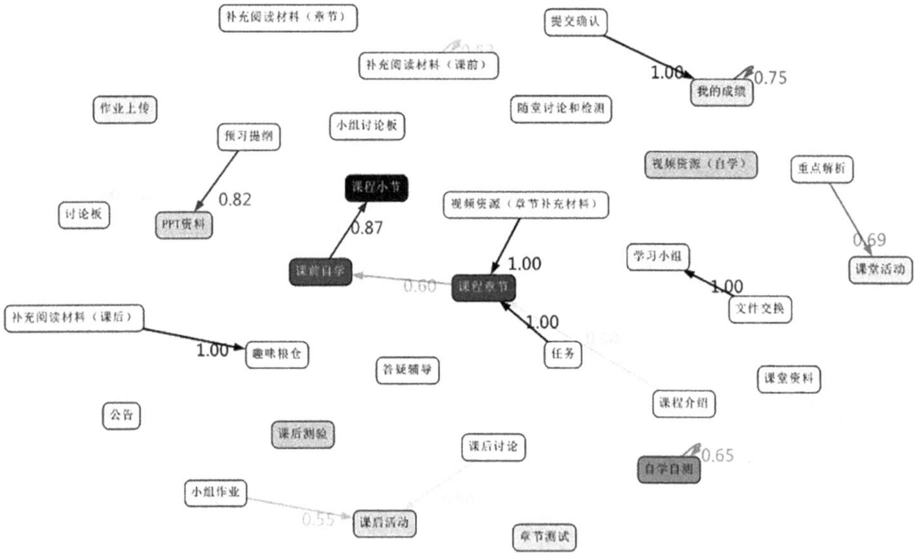

图 5.9　成绩一般学习者的学习路径

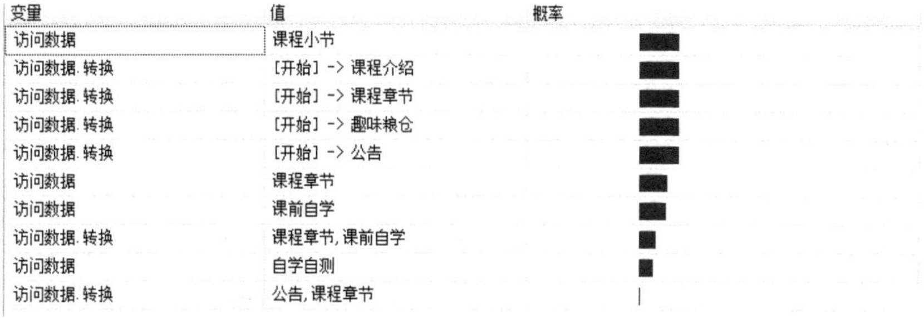

图 5.10　成绩优良学习者的模块概率转换

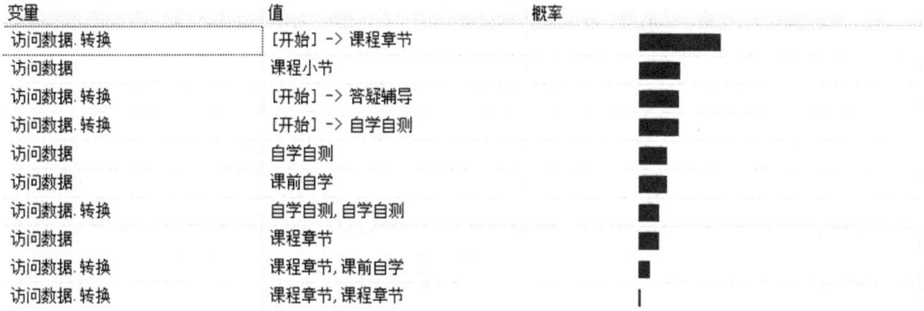

图 5.11　成绩一般学习者的模块概率转换

5.4.3　学习路径挖掘结果对教学改革的启示

通过以上学习路径挖掘可以看出，在混合式教学中依据学习过程数据可以建构起一个班级学生的整体学习路径，进而反映出该课程教学中学生的总体行为特征，可视化程度较高。挖掘形成的整体路径呈现出“生物化学”该门课的教学活动较为丰富，学生在线学习活动活跃，间接反映了教师的教学策略、资源部署、活动安排都比较合理、有效，并且一定程度上证实了任课教师对学习路径不同所导致学习成绩差异的假设。在聚类挖掘中依据学习风格形成的四个维度的聚类图表都呈现出不同学习风格学生具备不同的学习路径，不同学习风格的学生对教师所部署的学习资源的访问率具有较大的差异性。上述图表是在整门课完成之后完成的数据收集及路径挖掘，但如若在课程实施过程中能及时看到上述路径挖掘结果，教师应根据这些路径特征实时调整自己的教学安排，具体而言需在以下四个方面做出改革。

1. 精细化安排不同学习模块中的学习资源以提升资源访问率

在线学习模块划分清晰、内容组织合理能够显著提升学习平台的易用性，有助于学习者快速找到目标学习资料，提高学习兴趣。教师应将不同类型的学习资料按照用途、格式类型等分别放在相应的模块中。在对视觉型和言语型学习者的学习路径进行特点分析时，表 5.2 中的数据显示，视觉型学习者访问课前自学模块中视频资源的占比为 2.4%，而章节性补充材料里的视频资源访问占比仅有 0.1%，同样，言语型学习者对章节性补充材料中视频资源的访问直接为零。由此可见，视频资料放在自学模块里的访问率比放在章节补充资料里的访问率高，教师应将视频资料分散地放入相应的自学模块。

2. 丰富学习资源类型以满足不同学习偏好

当前的学习资源早已从简单的书本、报告等文本材料拓展到图片、视频、动画等更为直观的学习材料。从对视觉型和言语型学习者的学习路径挖掘结果可以看出，不同学习风格的学习者所偏好的学习材料类型差异明显，结果显示如果要达到保证学习者有效学习的目的，应该确保学习者学习使用的是与其学习风格特性相匹配的学习资料[67]。所以，为了满足不同学习风格的学习者对学习资源类型的需求，教师最好能够提供包括视频图片、流程图、图表等在内的直观学习材料以及论文、报告等文本类材料。特别需要强调的是，在线学习平台中一定不能仅仅存放讲义，教师还应把一些生动的应用实例放到教学平台中，如有可能还可以把日常科研中的一些过程性资料呈现给学生，以此激发学生学习兴趣，也能促进科研与教学的融合。

3. 提升学习资源的逻辑性和可视化程度以促进深度学习

逻辑性强、组织结构清晰的学习资料有助于学生对知识的掌握。综合型学习者对“课程介绍”模块的访问所占比高于序列型学习者对其的访问占比，而序列型学习者对“预习提纲”模块的访问占比高于综合型学习者对其的访问占比，这一结果证明了综合型学习者倾向于从整体到局部的学习习惯，倾向于先对知识有框架性的整体认识。序列型学习者则倾向于从局部到整体的学习习惯，习惯于先学习有逻辑的具体知识点，然后才有学习内容的框架体系。所以教师应该对所提供的学习资料进行科学组织，让其具有较强的逻辑性，并可借助知识图谱、知识框架等形式呈现教学内容，这样既有助于序列型学习者的学习，也有利于综合型学习者的知识掌握，此外，教师还可以引导学生用思维导图工具对知识进行梳理和建构，从而促进学生对知识的深入理解和整体把握。

4. 增加小组研讨以促进同伴学习和替代式学习

同伴学习带来的积极作用有时并不低于教师的指导。本节中的学习者有 41%属于活跃型，59%属于沉思型，根据数据挖掘及个案分析的结果可以得出，小组讨论活动对两类学习者均有积极的影响，活跃型的学习者喜欢在小组学习、喜欢在交流中学习，所以在论坛中的活跃度会相对较高，但在个案分析中发现，偏向于独立思考的沉思型学习者会在讨论区向老师主动提出自己在学习中遇到的困惑，而这些困惑可以被其他学习者共享，可以进一步引起同伴之间的交流讨论，这个过程有利于知识的生成和建构，一定程度上还会促进替代式学习的发生[68]。因此，在线教学中应充分利用平台上支撑小组教学的各种工具，鼓励和引导学生利用这些工具开展互动，作为教师也应积极参与互动、解疑释惑。

第6章 人机协同助推教育人工智能走向混合增强智能

多模态学习分析及适应性反馈都是智能教学系统的功能体现，但在学校教育情境下由教师应用信息技术引导学生主动完成高质量学习是教育技术研究者不懈追求的目标，人工智能作为平台、环境的技术定位仍未发生改变。斯坦福大学Blikstein教授认为，人工智能不是被动地应用于教学情境，而是要挖掘教学的需求，为学习者建构需求驱动的科学环境（Inquiry-Driven Science Environment）[69]。因此，技术与教师的有机结合仍是人工智能与教育结合的根本之策，教育人工智能要体现为人机融合智能，由教师借助全面准确的学情信息完成科学的教学决策，实现教育中的混合增强智能，也就是说只有人机协同才能够最大化发挥人工智能在教育中的优势。

6.1 人机融合智能及人机协同的概念

6.1.1 人机融合智能

应用人工智能并非为了用机器或技术替代人类[70]，尽管在诸如自动化工厂中很多工种被机器人取代，但在事关人类能力养成和灵魂塑造的教育领域，教师不可能被机器所取代。人机协同的目的是使人工智能成为人类智能的自然延伸和拓展，通过人机协同更有效地解决复杂问题。如果说先前人工智能发展的重点在于数据的输入和处理，比如人工智能发展史的三大里程碑式产品：深蓝、沃森（Watson）和AlphaGo，它们均是在处理大量的数据进而做出规划和决策，那么未来人工智能发展的重要方向将是人机交互的智能系统，即人机融合的混合增强智能。人机融合智能不同于人类智能和人工智能，严格意义上而言是在一个智能系统中融合机器智能与人类智能。刘伟提出的“深度态势感知”即是一种人机融合的智慧，既包括人的智慧，也融合了机器的智能[71]。这也如同郑南宁院士在对混合智能做分类时所提出的“人在回路的混合增强智能”[72]，在这种智能系统中人类会基于计算机的输出做出主动介入。所以说，人机协同的一个核心问题是介入问题，人机协同效果的好坏首先源自机器智能为人类提供的决策依据，其次取决于人类介入时机和介入方式是否得当。

6.1.2　人机协同

美国麻省理工学院物理学家马克斯·泰格马克在其 2018 年所著《生命 3.0：作为人工智能时代的人类》（Life 3.0: Being Human in the Age of Artificial Intelligence）一书中，全景式地畅想了人类进化到人工智能时代的种种景象。与斯蒂芬·霍金、比尔·盖茨和马斯克等人对人工智能抱有较大疑虑的态度不同，泰格马克的态度更趋于积极的理性，他认为，人们应当对人工智能保持冷静客观的态度，盲目的崇拜与盲目的抗拒都会造成恶果，在各行各业，人类都将与人工智能有机融合[73]。机器智能早已不是简单的运算工具，机器智能业已实现多模态数据的收集与分析，这大幅度增强了人类决策依据的科学性和情境化，人机协同是有效发挥人类和机器各自优势的最佳组合。所以说，人机协同可以催生人机融合的智能形态，这应该是人工智能教育应用的高级阶段。在教育人工智能领域，能够完成全方位学习过程数据收集分析的智能教学系统有效诠释了机器智能的威力，若将其与人类智能结合将能产生更智能化和更具适应性的教学决策。

自 20 世纪 80 年代以来，计算机、机械工程等领域的学者对人机协同这一概念开始了探究。例如，张守刚等在讨论机器求解问题时提出，机器求解问题，实际上是人—机求解问题系统[74]。人的智能加上物化的智能—机器智能所构成的人—智能机系统，将是今后智能系统发展的一个重要方向。钱学森等先后给人机协同做出过定义：人与机器各自发挥特长、协同工作[75]，这也是多位学者共同的判断[76]。换言之，许多学者都已认识到人在这个人机系统中的重要性，人和机器应该协同工作，人不应该被机器智能所取代。随着人工智能技术的发展，机器智能实现的功能越来越丰富，如数据处理、语音识别、图像、表情和视频识别等。比如，当前的手势识别和眼动跟踪都已非常精确。近些年，机器智能的智能化水平已大幅提升，甚至超越了人类在这方面的能力。最典型的是 2017 年 AlphaGo 战胜世界围棋冠军，机器智能在围棋比赛方面表现出超乎预期的创造性，以至于人类要向机器来学习这些奇妙的围棋战法。不仅是机器智能在智能化水平上获得日新月异的发展，机器智能的应用范围，在社会生产、生活等各方面达到了全面的渗透和普及，如今，任何一个机构、组织或人都无法摆脱与人工智能间的关系。人机协同概念的出现与发展，几乎与人工智能技术的发展与应用相伴。人机协同概念的发展已经历了人机共生、人机协作、人机融合先后三个阶段。在人机融合智能阶段，强调“人类智能”和“机器智能”之间的优势互补，形成 1+1＞2 的效果。在人机协同概念的演进过程中，始终不变贯穿其中的观点是：人类智能和机器智能要发挥各自的优势，做自己擅长的事情，机器做机器擅长的，人做人擅长的事情，两者协同，实现人机协同智能。那么，作为教师的人应该做什么？机器应该做什么？该如何协同等等，在人工智能发展的过程中，这些问题的答案也在不断发生变化。

在教育教学领域，伴随近年来智能技术不断应用于课堂教学，人机协同的必要性已凸显，人机协同的教学场景、行为等随之发生。并且，这种人机协同的人工智能教育应用，已经不限于教学本身，还在教育教学管理、考试考务管理、家庭—社区教育、成人与终身教育、特殊教育等方面获得广泛体现。

6.1.3 教育教学领域人机协同的内涵辨析

许多研究表明，计算器没有取代数学家，而是提高了他们的能力，使他们更有效率，文字处理器、智能写作软件不能取代作家，而是给予他们更大的便利。教学场景中的人机协同指向，在于使学习者完成高质量的学习，作为教师的“人”和承载人工智能的“机”两者都以学习者为中心，共同为学习者服务。人机协同教学的目标因应人工智能技术的变化，人、机各自的功能承载会发生变化，人工智能越来越多地承载传统上由教师完成的工作，教师被激发或者被迫完成更多高级的、复杂的、指向学生个性发展的创造性教学工作。对于人机协同的内涵，“机”作为学伴与学习者协同成长，人机协同中的“人”不仅是教师或家长，还可以是学习者。蔡连玉等指出人机协同系统由计算机与人类共同组成，该协同系统共有三个重要元素[77]，即“人”“机器”以及两者之间的“协同”。因此，在人机协同的教学情境下，回答人应该做什么、机器应该做什么、人机如何协同这三个问题，成为阐释人机协同内涵的根本所在。

1. 关于人和机器智能各自的分工问题

机器优于人类主要体现为：完成重复性、可预测性任务，能够完成依赖计算能力的任务，能够将大量数据分类和输入，并根据具体规则做出决策。人类优于机器的领域包括：体验真实的情境和建立关系，能对跨范围、多来源形成问题并做出解释，可以决定如何跨越多个维度，有策略地使用有限资源，能够根据抽象价值做出决策。乔布斯将人的核心能力界定为智慧和灵感，将机器智能的能力界定为运算处理能力。这样的能力划分已被很多学者所采用。如刘步青就将演绎推理、归纳推理、类比推理等作为计算机的主要工作，人的工作主要是做出选择、决策以及评价。李平等指出，机器智能在搜索、计算、存储、优化等方面领先于人类智能[78]，人类智能在感知、推理、归纳和学习等方面，具有机器智能无法比拟的优势，尤其在直觉方面更非机器智能所企及。这样的能力划分清晰，为大多数学者所认同。但由于人工智能的飞速发展，这样的分工却越来越不够准确。如关于感知，机器智能的感知能力已经非常精准，体现在教学中，对学生学习路径的预测、循因也愈加精确。在创造性方面，前文所提到的围棋比赛中，机器智能正在不断创新，不断形成新的对弈策略。这种背景下，人的分工范围有变窄变小的趋势。

2. 关于人机如何协同的问题

人完成决策、推理，机器完成重复性、耗时但又需要精确的计算等工作。显然，这种清晰分工能促成一些协同工作，如在语文课堂上，人工智能收集到学生们的作文，完成智能评阅，给出得分及作文的详细评阅报告，然后由教师根据得分情况和评阅报告给学生的作文修改给出建议，这种情况下教师、机器智能的分工非常清晰，人机达成了协同的目的。但协同不止于此，教师不仅要呈现传统的人类智能，还要展现出人机协同智能，人机协同智能是将教育教学任务在人与机之间合理分配，以达到教育教学效果最优化的能力[79]。教师对智能技术的采用，主要在于对某些平台、系统的应用，在教学场景下，人机协同智能应体现为教师能挖掘这些平台、系统的功能，还能主动安排教育教学任务给这些系统或平台，人机协同教学智能的核心在于教师主动了解智能技术，使这些技术一方面代替教师完成某些教学任务，另一方面还能完成在非智能技术介入情况下无法高效完成的教学工作。因此，人机协同会从不同维度形成不同的协同模式。

第一，基于学习时间安排的视角形成的人机协同。在教学中，在某一段时间由机器智能辅助学生自适应完成学习任务，之前、之后包括同时，都可发生教师和学生间的交互对话，这是两类对话时间上的交替，是人机在时间安排上的协同。如佐治亚理工学院数学教师安排一个智能问答系统完成课后对学生的答疑，这个过程持续近三个月，在这么长的时间里学生都未发现是由机器给出的回答，教师和智能问答系统有效地完成了课中、课后间的密切协同。

第二，基于学习内容难度不同形成的人机协同。学习过程中某些内容可能适合由学生自主学习完成，这些内容的难度、复杂度都不是太高，勿须借助教师的讲解就能完成学习任务，而其他的学习任务都需由教师面授、详细讲解或在教师的监督训练下才能完成，这样的协同是人、机面向不同学习任务做出的分工。比如，在芭蕾舞教学中，某些基础动作练习耗费时间很长，传统上这些基础动作的练习也由培训教师监督完成，后来发展出的智能教学系统可以视频识别这些在基础阶段学习的学员表现，于是培训教师就将这个阶段的训练交由智能教学系统完成，而到了学习更为复杂的动作或动作变换较多的阶段时，培训教师才亲自开展教学[80]。

第三，智能评阅和自动评分是辅助教师形成最终评价的依据。智能评阅完成了对学生作文情况的学情数据收集和分析，给出初步的修改建议，教师再根据这些数据和初步建议，做出对学生的科学判断和更为精准的反馈。自动评分系统其本质也是为了掌握学情，但最终的评分仍然是由教师做出决定。

可见，人机协同中的“机”可以扮演不同的角色。各类教学系统虽然是被称为教学系统，但其仍然能够扮演着各种角色。前文所述的佐治亚理工学院的智能问答系统，其实就扮演了一个助教的角色；同时，很多教学系统也可作为学生的学伴或者协作者，与学习者共同学习，有时还可作为一个顾问的角色。比如当学生面临困难时，这类系统能够认真主动地提供建议，帮助学生找到解决问题的资料，这将使学生尽快摆脱消极情绪。在各类学习场景中，智能技术在什么时间出现、在哪部分学习内容中应用、该如何收集数据及从哪些维度分析这些数据，其实都是由人来设计的。就此而言，人机交互中看似人类与机器都参与了活动，但人类始终是作为主体参与人机交互过程，机器的参与实际上是人设计者在参与，它只不过是人的一种“替代”[81]。

6.2 人机协同的应用实例

6.2.1 edX 引入教师参与的预测模型

面对开展大规模教学时经常面临学生中途退学的情况，为了降低退学率，Pardos 等帮助 edX 设计了教师参与的预测模型，使教师能够对学生进一步参与学习的情况做出预测分析，力图通过人机协同掌控教学节奏，为学生提供个性化指导[82]。能够获得教师的个性化指导对 MOOC 学习者来说是一项稀缺资源，只有高效的人机协同才能降低这些稀缺资源的成本。Pardos 等应用 2015 学年和 2016 学年 edX 提供的 102 个 MOOC 课程数据，为每位老师提供了教学数据仪表盘，其背后是 edX 上异常丰富的数据来源，如课程运行的工作日志，这里面包含学生网上学习时的点击数据流。还有每周为课程提供的学生选课信息，其中包含所有注册成员的电子邮件地址。edX 对学生的建模使用了被称为 RNN（Recurrent Neural

Network）的深度学习模型，建模技术与点击数据流的结合保证了教师参与预测模型的准确性。教师基于仪表盘开展工作的流程是：第一步，教师访问 edX 数据仪表盘完成对学习者的学情分析；第二步，通过仪表盘的交叉过滤视图选定某一组学习者的电子邮件地址；第三步，教师根据前面的学情分析，预测选定学生的学习走向，确定这些学生所需要的指导，然后向学生发送相应的邮件通知。

6.2.2　应用智能眼镜帮助教师充分掌握学情和开展个性化指导

应用信息技术变革学习并非仅是把工具、资源交给学生，如果教师能够应用这些技术充分掌握学生的学习情况，进而及时调控学习行为，那样才能真正发挥信息技术的功效。Holstein 等设计了一个被称为 Lumilo 的混合现实教学系统，该系统给教师提供智能眼镜，通过眼镜教师能够及时看到全班及每位同学的学习状况[83]。Lumilo 严格上来说也是一种智能教学系统，只是其并不主动干预或调控学生的学习行为，是把各类教学数据推送给教师，教师基于这些数据开展教学调控，Lumilo 和教师协同工作完成智能教学，形成人机互动的智能系统。Lumilo 提供给教师的数据包括学生的元认知、行为状态等实时数据，这些数据投射到教师的课堂视图中，并在教师的智能眼镜中显示。图 6.1（a）是在智能眼镜上所显示的一系列指示灯，图 6.1（b）是教师正在使用智能眼镜观察学生和为学生提供指导。

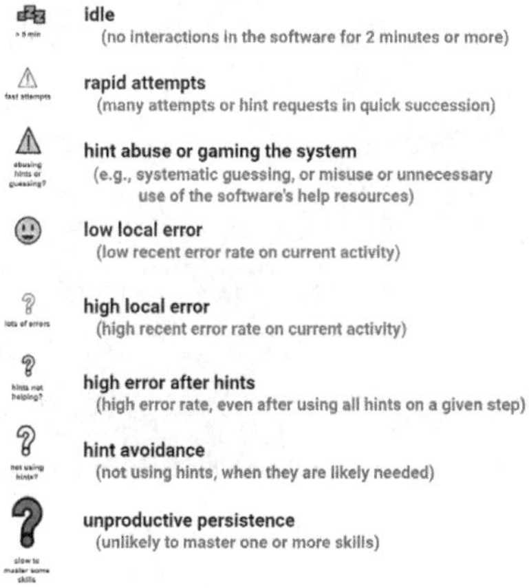

(a)Lumilo 显示的指示灯

(b)教师在课堂上使用 Lumilo

图 6.1　基于 Lumilo 混合现实教学系统

这款智能眼镜既能显示学生的各项数据，又是透明的，不会影响教师对课堂的整体性观察。图 6.2 是在 Lumilo 系统中教师通过智能眼镜所看到的数据。智能眼镜给教师提供了一个关于学生实时信息的视图，其中一些敏感的学生数据（如家庭背景、班级排名等）只有教师可以看到，智能眼镜显示的内容还有班级的整体性数据。透过眼镜，教师看到教室内的每个学生时，在每个学生的头部位置显示相应学生的数据，这个学生视图被称为学生指示器，基于 Lumilo 系统提供的座次表配置功能，透过智能眼镜教师能看到他/她视线所指向学生的指示器编号。如果一个学生的指示器当前没有被激活，Lumilo 会在该学生上方显示一个模糊的圆形轮廓，如图 6.2（a）所示。如果教师点击学生的显示器，使用手持的点击器或在半空中做“轻敲”手势，Lumilo 会为学生显示“深度潜水”屏幕，如图 6.2（b）显示，这些屏幕包括一个“当前问题”视图，显示学生当前的学习内容和正在做的学习行为。由于 Lumilo 能从远处监视学生的活动，这使得教师更容易掌握每个学生的学习情况，即使教师未走到这个学生的身旁，教师依然可以快速发现这个学生当前学习面临的困难，提供快速指导。

(a)学生信息未被激活的视图　　(b)显示学生详细信息的视图

图 6.2　在 Lumilo 系统中教师通过智能眼镜所看到的数据

为了验证 Lumilo 系统的使用效果，Holstein 等组织了美国四所公立学校分布在 18 个教室的 343 名中学生和数名至少有 5 年中学数学教学经验的教师参与实验，这些教师在实验前都已经被训练能够熟练使用 Lumilo 系统和智能眼镜。该实验的教学内容是学生学习使用一个基于规则的认知导师系统 Lynnette。实验中设置了三类不同的班级组别，一类是未使用 Lumilo 系统的传统班级，另外两类班级分别采用 Lumilo 的两个版本，一个是给教师呈现的学情数据较为概括和数据较少的简单分析版，一个是提供详细学情数据的高级分析版。研究结果表明，教师使用实时感知工具 Lumilo 之后会显著提升学生的学习效率和学习效益。实验研究还显示，向教师提供关于学生学习数据的实时分析，能为缩小班级成员间的学习差距带来显著效益。Lumilo 提供的实时分析使教师给那些先验能力较低的学生给予更多的指导，这缩小了先验知识较低和较高学生之间学习结果上的差距。该研究进一步地分析表明，由于学生意识到教师能够通过智能技术实时监控他们学习中的活动，学生的学习自觉性得到明显提高。

以上两个实例一定程度上反映了教育人工智能中人机协同的模式，即智能系统为教师、学生及时提供数据，但教学决策仍由人来完成。这种人机协同模式不仅应用于教学情境，所有的在线翻译或自动翻译只有与人类充分结合，才能产生完美的翻译，医疗诊断和证券分析的最终结果也是经由人机协同才能达成，人机协同在类似象棋比赛的人机对弈中也被证明是有效的。

教学是一种高认知型工作，在教育教学领域，人机协同将是未来主要的工作模式。各类智能教学系统的开发与应用必须高度重视到教师这个角色及相应的岗位不能被轻易取代，如果这些系统工具要在实际课堂上应用，那么它的设计必须充分尊重教师和学生的需求。如 Holstein 等在研究中收集了师生对 24 种设计概念的反馈信息，发现了教师和学生在课堂上都期望存在一种“隐藏的”师生沟通渠道，使学生能单独向教师传递求助或其他敏感信息，而不让其他人知道[84]。另外，学生虽然对人工智能系统未经允许就跟老师共享对个人学情的行为感到不安，但学生也反对让自己完全控制这些系统，即学生在技术环境下同样渴望与教师的沟通，这为设计更加理想的人机协同教学系统提供了学习心理学依据。

对未来社会的主导不外乎人类主导、机器主导和人机结合主导这样三种可能，人类当然希望由自身主导社会的发展和各类系统的运转，但人类又必须依赖人机结合来完成这一主导任务，伴随机器智能的飞速发展，人类安排、利用机器智能的同时，机器智能主动与人类开展的协同不能被忽视。科学研究也是一种高认知型工作，人工智能正在帮助科学家发现新的科学规律。科学家在与人工智能协同工作中会将人工智能作为科研助理以加速科研的流程，同时也在使人工智能完成具有高适应性和高自由度的科研任务，已有机器人科学家可以实现自主思考[85]。在教学情境下，有赖于机器智能的迅速发展，智能教学系统的适应性和自由度也获得大幅提升，人机协同的技术本原从计算处理能力走向学情感知，从学伴、助教角色的扮演演进到数字孪生体的形成和虚拟学习场景的搭建，内涵日趋丰富。

必须要承认，电脑入侵了过去被认为是人类特有的领域，机器智能在围棋比赛中已经完全超越人类，这一点足以说明机器智能具有超乎想象的发展空间。脑机接口和数字孪生体等新技术的发展，正显现增强智能的强劲态势。虽然应用脑机接口，直接将知识传输给学习者这种天方夜谭式的科幻场景能否实现尚未可知，但如果学校的数字孪生体和教学场景的元宇宙成为现实，数据变得更为完整、数据可视化程度更高并且动态操控更加便捷的话，那么，人机协同的教育教学管理会更为精准与有效。同时教育机器人将从被动的信息供给走向主动地与教师协同开展教学，主动与学习者交流，未来人机协同在教育及相关领域中的应用会愈加广泛而有力。

6.3 人机协同教学中的教师角色转换

6.3.1 人工智能视域下的教师胜任力特质剖析

信息技术在教学中的广泛应用对教师在技术的意识认知、应用实践及课程设计方面提出了更高的能力要求[86]，对数字化背景下教师教学胜任力的界定与探讨是探讨人工智能 2.0 时代教师教学胜任力的前提与基础。

1. 教师胜任力特征集的探索与建构

教师胜任力是指向教学能力的教师专业发展的界定，是教师个体所具备的、与实施成功教学有关的一种专业知识、专业技能和专业价值观[87]。教师的胜任力模型是教师角色能够满足职位要求所具备的能力特征集。

国内对教师胜任力的相关研究从研究方法上看，以前期的文献分析为辅，采用问卷、行为事件访谈（Behavioral Event Interview，BEI）为主，或通过量化的数据分析梳理对教师胜任力的要求[88]，或采用质性编码结合特征因子的分析建构教师胜任力模型，抑或是将二者结合进行系统的描述。从研究内容上可以将主要研究分为从教学阶段划分的教师胜任力研究和指向特定教学形式的相关研究。

在从教学阶段划分的教师胜任力研究中，对中小学教师的胜任力研究较为完善，如徐建平等运用行为事件访谈技术通过对被访谈教师的 180 个关键事件的主题分析、行为编码以及对不同绩效教师胜任特征的差异比较，构建了可聚类为服务特征、自我特征、成就特征、认知特征、管理特征、个人特质 6 大胜任特征群，包括 11 项鉴别性胜任特征和 11 项基准性胜任特征的中小学教师胜任力模型[89]；罗小兰采用问卷调查、行为事件访谈技术辅以开放性问卷、一般访谈、胜任力特征核检表等手段，构建了包括关系特征、成就动机、长远规划、外界支持、认知特征、教学智能、人格特征、管理能力、情绪特性 9 个胜任力特征因素群、涉及 28 项具体胜任力特征的中学教师胜任力模型[90]；李晔等以毕业生的回溯性评价为绩效标准，采用行为事件访谈法建立了以人格特质、自我概念、影响力、管理能力、成就特征、认知能力为特征群，包含主动性、人际了解、冲击与影响、关系建立、学生服务导向、培养他人、团队合作、分析性思考、自我控制、自信心、责任心、尊重他人、正直诚信和反思与改进等 14 项具体胜任特征的中小学教师胜任力模型[91]。对幼儿教师、高校教师及职业院校教师的胜任力研究相对薄弱，董圣鸿等采用行为事件访谈法结合问卷调查以及对叙述事件的主题分析和行为编码，构建了包含 9 项个人特质的基准性胜任特征与沟通与交往、专业知识与技能、自我意象、追求卓越、成就能力 5 个维度共 34 项鉴别性胜任子特征的幼儿教师胜任力模型[92]；王林雪等通过教师特征因子提取与问卷统计分析，提出研究型大学教师胜任力模型应包括个人特质、科学研究、人际沟通、个人品质、主动奉献 5 个一级指标和 31 个二级指标[93]；赵呈领等结合职业院校教师信息化教学能力水平上存在的问题和职业院校特色，从信息化教学意识与责任、教学基础与技能、教学应用与实践、教学设计与开发、教学研究与创新 5 个方面初步拟订了阶梯状职业院校教师信息化教学能力的框架模型，能力结构模型采用了模块化的三级结构，在每级模块中描述了具体的绩效指标[94]。

在指向特定教学形式的相关研究方面，罗洪兰等以远程教育专职教师为研究对象，基于文献研究进行访谈与开放式问卷调查，构建了包含职业知识、职业性格、教学技能、社会适应性与职业技能 5 个一级指标、合计 16 项二级指标的远程教育专职教师胜任力结构模型，并进一步对模型中每项指标进行了分析评述[95]；郝兆杰等针对翻转课堂教学模式，在文献研究的基础上首先初步筛选出高校教师翻转课堂教学胜任力因子，再通过德尔斐法对高校教师翻转课堂教学胜任力初步模型进行探索性因素分析和验证性因子分析，最终形成翻转课堂模式下知识、技能、特质与动机、态度与价值观 4 个维度，以 10 项通用胜任力和 17 项核心胜任力为划分具体标准的教学胜任力模型[96]。

根据对国内外教师胜任力特征的剖析与总结，本节基于改进的冰山模型，从显性与隐性教学胜任力两个层面将教师教学胜任力划分为知识学习与整合、技能应用、课堂实施能力、情感态度、教学意识、教学设计能力 6 个一级维度及对应的合计 27 项二级维度，表 6.1 详细呈现了这 27 项胜任力特征的具体内涵。

表 6.1 教师的教学胜任力特征集

分类	一级维度	二级维度	具体内涵
显性教学胜任力	知识学习与整合	教育与心理	1. 教育学知识，包括教育传播学、教育哲学等，能够支撑教师有效开展教学活动； 2. 心理学知识，保障教师妥善处理教学中的人际关系
		通识基础	教学规律、教师日常教学经验、常识信息的积累总结等
		学科内容	本学科及相关学科体系的概念定义、专业公式、研究范式、理论思想等
		专业前沿	本学科及相关学科的最新进展、国际资讯与研究热点
		环境知识	关于教学环境适配、课堂氛围营造的理论知识
		技术知识	1. 对技术工具的陈述性描述、概念阐释等，如对电子白板的介绍与使用手册； 2. 关于整合技术与教学、学科内容的知识，如 TPACK 体系
	技能应用	技术选择	结合学科内容与课程实际选择不同的视听媒体及呈现、交互工具
		技术应用	正确、高效使用所选择的技术工具进行课堂实践
		管理与维护	对技术设备的安置、保管、维护等
	课堂实施能力	交互与表达	对教学内容的准确表达、传授及课堂互动
		即时应变	对教学中突发状况的冷静分析、实时转化，最终妥善解决问题的能力
		评价反馈	对课堂教学中提问质疑的回复及学生表现的即时评价
		课堂组织	能使用恰当的教学策略组织讲授、演示操作、讨论、测验总结等课堂环节
		课堂管理	1. 按照课程大纲合理安排并有序推进课程进度； 2. 保障课堂纪律、秩序
隐性教学胜任力	情感态度	人际关系	1. 与同事、行政领导阶层的和谐关系； 2. 师生关系融洽
		需求动机	教师实践教学、引导学生的动机是正向、积极、主动的
		教师道德	有符合教师职业道德标准的责任感与使命感
		价值观念	具备符合社会主义核心价值体系的世界观、人生观和价值观，有自我价值实现的需要
		专业发展	终身学习意愿，参与日常听课、议课、评课等，保障自身专业技能与时俱进、不断发展
	教学意识	数据意识	对教学过程数据、师生交互数据、工具软件的分析结果数据等的主动知觉，具备收集数据并应用数据分析结果改进教学的意识
		资源意识	有意识地了解校内外及互联网、各大教学平台的教学资源，能够选用合适的教学资源辅助教学，推荐相关配套资源给学生自主学习
		技术适应性	以积极开放的心态面对、引入技术使用，消除畏难情绪

续表

分类	一级维度	二级维度	具体内涵
隐性教学胜任力	教学意识	创新意识	1. 有意识地对国内外新的教学模式进行探索实践，创新符合本土化的课堂教学模式； 2. 具备培养学生想象力、创造性的意识
	教学设计能力	目标制定	能够按照课程大纲完成课前教学材料的准备，科学制定、撰写清晰明确的教学目标
		学情分析	联系实际教学中学生的学习特点及个性特征，准确分析、设计与之相适应的教学方案
		教学支架	提供知识、技术等方面的学习支持，拓展学生的学习域
		评价反思	1. 对自身教学过程的深层反思，撰写教学日志； 2. 制定科学的评价指标对学生作业、行为表现客观评价

2. 面向技术的 TPACK 模型

TPACK（或称 TPCK，Technological Pedagogical Content Knowledge）即“整合技术的学科教学知识”是教育信息化对教师知识技能提出的新要求，深入分析以技术整合教学内容与方法为核心的TPACK能力框架是剖析人工智能2.0时代技术服务教学背景下教师教学胜任力重构的重要前提。

2005 年，Rosenberg 等提出的 PCK（Pedagogical Content Knowledge）框架的基础上融入技术要素首次提出 TPACK 的概念[97]，并于 2006 年对其进行了系统的解释[98]。如图 6.3 所示，TPACK 框架包含三个核心元素：内容知识（Content Knowledge，CK）、教学知识（Pedagogical Knowledge，PK）、技术知识（Technology Knowledge，TK）及四个由核心元素相互交集形成的复合元素教学内容知识（Pedagogical Content Knowledge，PCK）、技术内容知识（Technological Content Knowledge，TCK）、技术教学知识（Technological Pedagogical Knowledge，TPK）和整合技术的教学内容知识（Technological Pedagogical Content Knowledge，TPACK），在三个核心要素中，TK 凸显了技术在内容知识和教学知识中的应用，强调了教师在教学内容与策略之外的技术素养，而复合要素解释了三个核心要素之间的双向互动，整合技术的教学内容知识涌现于 CK、PK 与 TK 的动态平衡过程之中同时反作用于三个核心要素的协调统一[99]，由此生成了教师针对不同教学“境脉”的劣构问题解决能力框架。何克抗在梳理美国教育技术与课程整合的研究中强调[100]，TPACK 模式弥补了 WebQuest 模式和 TELS 模式只关注技术与学生知识学习之间的关系而忽视教师作用的不足，强调教师在推广、应用 TPACK 过程中是教学改革的积极参与者，课堂教学的设计者和实施者，在教学过程中应发挥引导和监控作用，关注不同境脉下教育技术与课程整合的“教与学理论”及方法。“境脉”概念的引入扩充了 TPACK 在多元、复杂情境下的适用性范围，考量了教师应用技术实施教学的问题解决能力、发散思维、迁移能力和批判思维等能力，以及对情境的判读和临场应变能力，对于具体教学情境下的技术选择需因人而异、因势利导。但是，TPACK 提供的整合技术的知识框架也表明了每位教师的教学能力受限于其自身对 TPACK 要素之间的认知灵活性，即不存在一种有效的普适方法可以解决所有教师在不同学科、内容、情境、策略方法下的非确定性问题（劣构问题）。

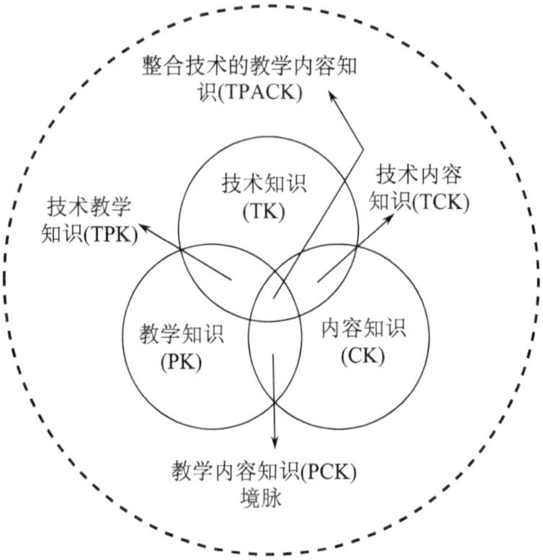

图 6.3　TPACK 内容框架

6.3.2　教师胜任力的操作模型

1. 教师教学胜任力的操作模型

教师教学胜任力虽然可以用一系列的特征集来阐述其内涵，但胜任力终究要体现为教学过程中教师的具体行为或操作，教师教学胜任力的操作模型基于传统课堂教学中课前准备、课堂实施、课后辅导及形成性评价四个环节，引入了资源集成中心、智能教学空间、数据处理中心三大功能模块，形成人工智能 2.0 背景下重构教师教学胜任力的三个阶段性回路。图 6.4 从教师教学流程的视角展示了人工智能 2.0 时代教师教学胜任力的操作性要求。

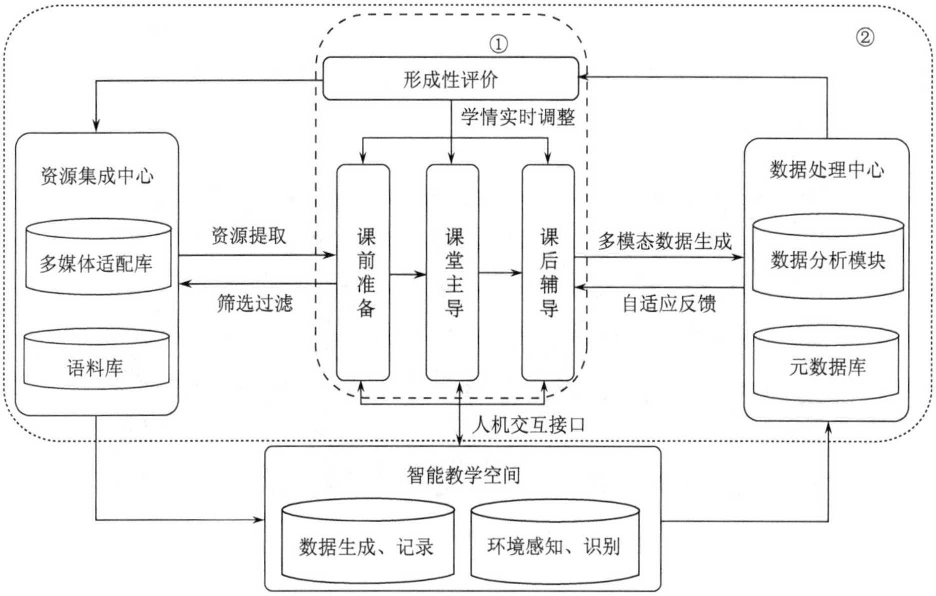

图 6.4　人工智能 2.0 视域下教师教学胜任力的操作模型

1）模型组件分析

教师教学胜任力操作模型的核心仍然是教师教学中备课、实施、评价及课后四个基本环节，形成性评价贯穿于整个教学活动中，通过即时反馈便于教师实时掌握学习情况，进行教学的动态调整。每个教学环节中的具体教学活动源自图 6.4 中的教学过程，操作模型中的资源集成中心、智能教学空间、数据处理中心三大功能模块及内部组件是 AI2.0 视域下教学胜任力的特有内涵。

（1）资源集成中心。

资源集成中心主要服务于教师的课前准备阶段，内置多媒体适配库与语料库。多媒体适配库满足教师对文本、图片、音频、视频等不同媒体资源的需求，语料库对教师教学语言的组织、演练与表达提供支持。在课前准备阶段，教师通过教育智能代理筛选、提取与所授教学内容相匹配的资源与媒体，同时资源集成中心将教师的资源提取过程记录在教师行为模型中，构成教学元数据库中教师行为元数据，通过元数据刻画教师教学风格可以为教师教学提供更加精准化的资源适配。

（2）智能教学空间。

智能教学空间通过人机交互接口对教师教学实施过程性数据进行采集、记录、存储与上传。数据生成记录组件与环境感知识别组件依赖于人工智能 2.0 时代感知智能与认知智能的发展，微软开发的不受线缆限制的全息计算机设备 HoloLens

即可以跟踪人体的眼球、手势、语音等[101]，通过摄像部件对室内物体进行观察，得到室内桌子、椅子和其他对象的方位，然后基于增强现实技术在这些对象表面甚至内部投射3D图像，形成如图6.5所示的用户与周围真实环境的全息影像互动。

图 6.5　HoloLens 在物体表面形成全息影像并与用户互动

（3）数据处理中心。

数据处理中心的数据挖掘分析与智能算法是实现反馈与自适应功能的基础，数据分析组块和元数据库是数据处理中心的重要组成部分。数据分析组块封装了数据挖掘分析功能模块，将从智慧教室、教师面板、交互式电子白板等不同智能教学空间及教师在教学过程中的讲授、提问、讨论等课堂环节中收集到的结构化与非结构化多模态数据输入数据处理中心后由相应的数据挖掘分析功能模块进行统计、量化并以可视化的方式反馈给教师；元数据库中嵌套了学习者模型、知识模型及教师模型的元数据，教师与学生在知识交流过程中的数据属性如学习者风格、教学资源偏好、教师教学风格等被存储于元数据库中，便于在数据分析组块提供反馈时自适应匹配与教师、学生、知识风格偏好相一致的资源信息。

2）三个阶段性回路

重构教师教学胜任力的操作性条件要以不同阶段教学特征回路为过渡，形成人机协作基础上教学过程的良性循环。

（1）教学基本环节回路。

教学基本环节回路在图 6.4 中对应序号①所框定的区域，它代表了教师在教学中不依赖于任何数字化与智能技术所必需的教学基本环节。课前准备、课堂主导及课后辅导是最为常见的教学程序，三者依次单向传递关系。随着对教学设计中评价的强调与突显，诊断性评价、形成性评价与总结性评价成为构成教学第四个基本环节——评价的重要组成部分。其中，诊断性评价多用于教学前期对学习者学情的评测掌握，总结性评价以结果为导向对学习者绩效表现进行评定，形成性评价是最为重要的评价组成部分，贯穿于整个教学活动中，改变了教学单向线性关系，通过交互行为使教师对教学效果实时掌控，便于及时按照实际教学情况对教学过程进行调控。

（2）数据融入回路。

数据融入回路，顾名思义即引入资源集成中心与数据处理中心的阶段性回路，对应图 6.4 中序号②所框定的区域。资源集成中心将丰富的网络与校际教学资源集成匹配给教师用于教学过程，教师教学过程中备课、媒体使用、内容呈现、测验联系、作业批阅、考试、学生评价及辅导活动中的言语、行为数据流向数据处理中心，通过智能算法分析挖掘后，数据输出流向一方面通过形成性评价用于调整教学行为，另一方面关于教师、学生与知识的元数据被存储于数据处理中心的元数据库中，通过长期的智能训练，为资源集成中心提供更加精准的资源适配依据。目前对人工智能的应用在数据融入回路阶段已经得到了较好的实施与普及，虽然虚拟现实、增强现实等人工智能技术在部分学科实验上得以应用，但是距离实现教学与智能教学空间的无异感融入仍有一定的差距。

（3）沉浸式体验回路。

沉浸式体验回路是人工智能 2.0 时代达到人机共融、智能教学的高级阶段，真正实现了教学信息在四大教学基本环节与三大功能模块中的多向流动，联动智能教学空间模块意味着教学全过程被置于自然大数据环境中，任何过程性数据均可以被智能教学空间所捕捉、识别、标记、记录与分析存储，并最终应用于人工智能技术辅助、服务于教学这一目标之中。需要强调的是，沉浸式体验阶段突出教学过程与智能教学空间的无缝对接，当前语音、图像、表情动作等的识别准确度与速率在一定程度上仍受限于智能机器的神经网络训练程度，情感鼠标等情感类智能设备仍处于小规模的部分智能阶段[102]。北京等地推出的共享教室作为智慧学习环境的新形式[103]，打破了物理空间思维，使用扩展屏幕取代黑板，一方面教师可以呈现更多的教学信息，另一方面，扩展屏幕可以更为完整地记录教师的教学过程，有助于后期对教学数据的综合分析与效果可视化。但是共享教室仍是基于对自然教学行为数据的采集与分析实现教学诊断的精准化与教学决策实时科学化，尚不能达到无感化智能普及应用的程度，可以预见未来人工智能服务于沉浸式教学体验仍有很长的路要走。

3）教师教学技能的操作性要求

随着人工智能 2.0 时代的到来，教育信息化由技术应用时代走入人机协作时代，教育大数据、智能教学代理等技术将互联网的大量优质教学资源与实践教学整合统筹，催生了以学生为中心、强调个性化、沉浸式体验的多种新型教育形态，这考验着教师对诸如 MOOC、STEAM 教育、游戏化教学等教学模式的解读与实践，需要教师对人工智能 2.0 融入教学过程具备切实的技术转化和应用能力，具体而言包括如下八个方面。

（1）能够充分运用知识代理简化资源筛选过程，以人工智能技术与课程教学内容的深度整合为原则，实现智慧备课。

（2）不囿于传统 PPT 等媒体形式，能够根据课堂内容与教学环节恰当融入智能设备或引入虚拟实验等，丰富媒体呈现形式。

（3）突破传统的讲授式，适当引入 MOOC、STEAM、游戏化教学等形成混合教学模式。

（4）改变知识的单向流动，结合恰当的社交媒体、教学平台等构建师生之间、学生之间的交互网络并形成数据记录。

（5）使用与教材相配套的系统化测验，科学规范课堂测验过程。

（6）利用诸如作业批改网等教学辅助平台发布、批阅作业，能够看懂、诊断并掌握机器批阅后学生的作业情况。

（7）根据日常教学中学习者的电子档案及教学过程性数据有针对性地因材施教，根据客观数据考评学生的纵向发展。

（8）能够为学生推荐合适的课后资源与平台，辅助学生完成课后的个性化自学过程。

2. 实现教学胜任力重构所需要的非操作性要素

图 6.4 所示的教师教学胜任力操作模型中隐含了教师在教学过程中可调整的行为操作，通过对其构成组件、阶段性回路的分析，能够显示出教师在人工智能 2.0 时代将技术融入教学所应具备的八条技术转化应用能力。但在态度、意识、AI 技术认知等层面，人工智能仍要求教师具备与技术、智能环境相适应的非操作性教学胜任能力。

（1）以积极开放的态度接受 AI 技术在教学中的应用。人工智能 2.0 将更加智能化的技术与装备引入教师教学，这对技术基础薄弱的教师来说意味着需要耗费更多的时间和精力训练、习得新的技术工具。学校提供适当的外部激励措施可以从外部需求上缓解教师的畏难情绪，但更为重要的是，教师要具备良好的内部动机，能够拥有较高的技术接受度使人工智能技术切实服务于提高教学绩效。

（2）切实建立起强烈的资源意识和数据意识。图 6.4 标明的数据处理中心和资源集成中心意味着教师需要摆脱对传统教材的单一依赖，能够根据课程标准和素质要求为学习者选择更为合适的教学内容[104]，这除了要求教师具备信息检索与加工能力之外，还需要教师从根本上建立数据与资源意识。人工智能 2.0 背景下资源代理与数据外包已经成为减轻教学负担、科学高效地为教学提供辅助的首选方式，资源代理调用教师长期教学行为累积的教学风格模型精准过滤与教学活动无关的无意义资源，提高教师资源筛选的效率与效果；数据外包采用第三方平台的后台数据配合教师账号信息实现作业或考试的智能化批改与数据统计，以机器代替教师进行重复性活动，提升教师的职业幸福感，进一步解放教师思维进行创造性教学活动。

（3）在技术认知方面，教师首先应具备对人工智能的概念性知识以及人工智能常见技术工具、应用场景等的通识认知，这是教师运用操作技能将技术转化为教学生产力的前提。人工智能应用于教学有望成为解决教师信息化焦虑的重要路径，因为人工智能技术能代替教师完成大量重复性教学活动，教师有望获得更多的时间和精力从事于教学创新。可以预见，未来教师角色会越来越多地出现精细化、个性化的分工[105]，跨学科知识的整合与深度加工要求教师在增强社会协作的同时强化专业素养，做本领域学科知识的专家。其次，信息化时代教师侧重于对技术工具的使用，在一定程度上弱化了学习者思维能力的培养[106]，人工智能 2.0 时代教师被智能机器所解放的时间与精力将会被更加富有创造性的教学活动填补，“人工智能+教育”要创新价值塑造、能力培养与知识传授“三位一体”的教育模式，培养具有健全人格、创新思维、宽厚基础、全球视野和社会责任感的新一代人才[107]，强调教师进行创造性教学活动的同时培养学习者的创造性思维。

此外，人工智能时代大量教师与学习者的身份信息与行为数据等通过网络平台进行流动与存储，这带来了隐私泄露的隐患，尽管区块链技术作为一种新型信息加密手段[108]，可以保证数据在网络传输过程中的私密性，但是网络安全不容小觑，教师应在享受智能平台、工具等提供的数据收集分析便利的同时，加强自身及学习者对保护网络隐私安全的意识，保障智能化教学系统的健康运行。

第7章　应用扩展现实打造沉浸式学习

《第四次革命》的作者卢西亚诺·弗罗里迪（Luciano Floridi）预计每个人都将经历“线上人生”[109]，这种生活消除了虚拟世界和现实世界间的门槛，现实世界的生活方式及实物都以仿真的形式存在于虚拟世界中，每个人借助于虚拟世界能更好地获取知识与感知文明。如Pearson出版公司应用虚拟现实技术开发的Revel作为一个交互沉浸式学习环境能支撑学生如同在真实环境中一样进行阅读、思考和学习。虚拟现实技术的突破有赖于智能对象行为建模技术的发展，近些年，伴随智能计算芯片技术的发展，虚拟现实中智能对象行为的社会性、多样性和交互逼真性都得到突飞猛进的发展。从这点而言，尽管虚拟现实一直作为信息科学技术中一个较为独立的研究领域存在，但其发展、突破与应用都与人工智能息息相关。虚拟现实技术的发展推动了仿真教学系统及沉浸式学习环境的设计与开发，两者都为搭建虚拟课堂提供了坚实的平台支撑。

扩展现实（Extended Reality，XR）是将物理环境与虚拟环境融合在一起或提供完全身临其境的虚拟体验环境的综合术语，XR能将实体对象成像为三维图像，而不是二维图像。最常见的支撑沉浸式学习的技术是虚拟现实（Virtual Reality，VR）和增强现实（Augmented Reality，AR），其次是混合现实（Mixed Reality，MR）。

近些年，我国教育部及各级政府先后出台多项文件，引导和鼓励虚拟现实技术应用于教育。2019年6月，教育部发布《关于职业院校专业人才培养方案制订与实施工作的指导意见》，该意见提出要全面提升人工智能、虚拟现实等现代信息技术在教育教学中广泛应用。2019年，江西省教育厅、天津市委网络安全和信息化委员会、河南省教育厅等也先后印发通知，提出改造传统教室，创新VR课堂教学，要引导高校建设使用好一批VR教室与虚拟仿真实验室，加强虚拟教学环境设计开发，创设虚拟情境教学新模式，要大力发展虚拟现实与增强现实、人机互动等数字化教学培训手段，提升教育教学方式的灵活性和互动性，要借助虚拟现实等信息技术创设虚实结合的学习环境。

7.1　虚拟现实的发展历程及扩展现实概念的形成

7.1.1　虚拟现实的发展历程、层次划分及扩展现实（XR）概念的形成

按照赵沁平院士在 2009 年对虚拟现实的定义，虚拟现实是以计算机技术为核心，结合相关科学技术，生成与一定范围真实环境在视、听、触感等方面高度相似的数字化环境，用户借助必要的装备与数字化环境中的对象进行交互作用、相互影响，可以产生对应亲临真实环境的感受和体验[110]。著名的虚拟现实专家史蒂夫·布赖森（Steve Bryson）在 2013 年则将虚拟现实定义为“是计算机技术的使用，它创造了一个互动的三维世界的效果，其中物体具有空间感”[111]。近些年伴随增强现实、混合现实、扩展技术的发展，这里的环境、三维世界可能还是用户假想出来的环境、空间。

1. 虚拟现实的发展历程及主要特征

历史视角下虚拟现实技术的发展经历了以下四个阶段。第一个阶段是早期探索阶段，在 20 世纪 70 年代以前经历了长期的对虚拟现实思想的探索及对早期虚拟现实系统的设计，如 1962 年 Heilig 发明了全传感仿真器，这个设备结合了 35 毫米相机拍摄的照片与 3D 摄影技术，体验者可坐在椅子上把头探进去，通过三面屏来形成空间感，从而获取虚拟现实的体验。第二个阶段是萌芽阶段，在这一阶段最早的计算机图形驱动头盔显示器 HMD 和头部位置跟踪系统被开发出来，成为虚拟现实技术发展史上一个重要的里程碑，之后的 1984 年，美国国家航空航天局的虚拟行星探测实验室又开发了用于火星探测的虚拟环境视觉显示器。第三个阶段虚拟现实的概念、理论体系相继诞生，在这期间由 Krueger 设计了 VIDEOPLACE 系统使参与者的图像投影能实时地响应参与者的活动。第四个阶段是完善和应用阶段，虚拟现实技术逐渐走向航空、军事、医学等领域，虚拟军事演习成为重要的军事训练手段，虚拟建筑环境实时漫游等系统在旅游、建筑设计中被广泛采用。

虚拟现实技术是一项高度集成的技术，涵盖计算机的软硬件、传感器和立体显示等多项技术，当虚拟现实技术的发展进入到完善及应用阶段之后，光学跟踪和光学感应技术、光学影像投射技术、触觉反馈技术、手部跟踪与手势识别、立体声场、三维听觉声场等技术获得长足发展，触感手套、触感靴和触感服装以及

各种传感器、体感控制器、头戴式脑电感应器等设备研发成功。虚拟现实已经能够通过计算机图形技术和相关头戴式设备为用户打造一个完全模拟的真实世界、完全假想的世界或者真实与假想世界的融合，并使用户沉浸其中。伴随人工智能的发展，虚拟现实不仅具备沉浸性（Immersion）、交互性（Interaction）、构想性（Imagination）三大特征，还能够感知用户的心理和生理数据，从而给用户提供适应性反馈，智能性（Intelligence）的特征越来越突出。

2. 用户体验视角下虚拟现实的层次划分及扩展现实概念的形成

（1）虚拟现实的三个层次。

虚拟现实其本质在于为体验者创设一个模拟的世界，这个世界可以与现实世界相似或者完全不同，参与者可以浏览这个模拟世界中的对象，也可以与其互动，但在观看、触摸、嗅闻以及操作这些对象的过程中，参与者对这些对象体验的真实性却差异巨大。作为较为初级的也是在虚拟现实发展史上占比例较多的一种体验层次被称为桌面式虚拟现实，或被称为窗口仿真，界面交互的特征比较明显，沉浸性很弱，由于成本低廉而得到广泛应用。第二个层次是增强式虚拟现实，主要是为戴上立体眼镜的人观察虚拟环境，性能介于桌面式 VR 与沉浸式 VR 两者之间，其实现在一些被称为桌面虚拟现实的系统对桌面现实和增强现实都有应用，使得用户在与虚拟场景进行交互操作的同时，能将虚拟交互体验以增强现实的方式投影到其他 3D/2D 显示设备中[112]。第三个层次是沉浸式虚拟现实（Immersive Virtual Reality，IVR），实现的主要方式是戴上特制的头盔显示器、数据手套以及身体部位跟踪器，通过视觉、听觉、触觉甚至嗅觉和味觉在虚拟场景中进行体验。

（2）融合真实世界与虚拟信息所形成的增强现实。

虚拟现实在其基础技术成熟并能初步构建虚拟现实系统之后，人们开始大力提升虚拟现实的逼真度和人机交互的丰富性，围绕虚拟现实又先后诞生了 AR、MR 直至 XR 等概念。虚拟现实技术虽然为人类打造了一个完全隔绝外界物理世界的沉浸式空间，但长时间处在这一环境中会让身体产生不适感，容易使人迷失在虚实空间的混乱中，个人的自由度也受设备的限制。AR 技术是在 VR 的基础上发展起来的，是叠加或融合到用户看到的真实世界中的技术，AR 可以用来模拟对象，让学习者在现实环境中看到虚拟生成的模型对象[113]。增强现实是被虚拟信息增强了的现实，增强现实对现实世界信息的捕捉走向多模态化，VR 阶段主要是对视听信息的呈现，但增强现实把视听之外的味觉信息、嗅觉信息、触觉信息也融合到用户体验中，模拟仿真的程度进一步增强。所以说 AR 能够提供真实环境的互动体验，真实与虚拟的组合、实时交互、真实与虚拟的三维登记（Three Dimension Registration，3DR）是 AR 的三个典型特征，AR 中真实的环境和虚拟的物体实时地叠加到了同一个画面或空间同时存在，带给人们更加自然的虚实融合的体验。

（3）融合 VR 和 AR 的混合现实 MR。

VR 和 AR 各自还没有走到极致就开始融合，这就是混合现实 MR。MR 是将真实世界和虚拟世界混合在一起产生新的可视化环境，环境中同时包含了物理实体与虚拟信息。AR 设备创造的虚拟物体，是可以明显看出是虚拟的，而 MR 设备直接向视网膜投射整个四维光场，用户看到的虚拟物体和真实物体几乎是无法区分的，所以也有人说 MR 是 AR 的进一步增强版。如在 2018 年度获得美国航空航天局年度软件奖的 OnSight 即是一款成功的 MR 系统。因为科学家很难通过火星的 2D 图像来可视化其环境，OnSight 使用了 Microsoft HoloLens 混合现实耳机，使用来自美国航空航天局好奇号流动站的图像创建沉浸式 3D 地形模型，允许科学家、工程师甚至公众体验在火星上行走的感觉，使用户能够漫游由机器人探索的火星上的实际沙丘和山谷[114]。

（4）营造沉浸感的扩展现实。

扩展现实在营造沉浸感方面完全超越了前面的 VR、AR 和 MR，使用户暂停怀疑并完全参与人所创建的环境，又能使用户借助 XR 技术将虚拟数字对象叠加到现实世界，同时也将物理世界的物件引入到虚拟世界中[115]，本质上也是通过计算机技术和可穿戴设备产生的一个真实与虚拟组合的、人机交互的环境，是在 MR 基础上的进一步发展。当前阶段的扩展现实已能应用精确、高效及高性价比的感应器，在输入阶段就能够捕捉并识别人体数据和环境数据，XR 已开始应用多感应器协同工作，以提高识别精度。XR 技术将实现视觉、听 觉、触觉、味觉及嗅觉的五感反馈，为用户提供情境化的真实感官体验。

在学术界和商业领域对扩展现实还有另外一种界定。如高通公司 2018 年 10 月发布的技术报告《扩展现实的移动未来》（The Mobile Future of eXtended Reality）中把扩展现实定义为下一个移动计算平台[116]，iLRN（immersive Learning Research Network）在 2020 年度会议的总结报告中把 VR、AR、MR 和其他相关技术统称为 XR[117]，《地平线 2020 年报告：教与学版》用 XR 指代 VR、AR、MR 和 Haptic（触觉）等各种技术。维基百科使用了与 iLRN 相似的对 XR 的定义：扩展现实是一个术语，指的是由计算机技术和可穿戴设备生成的所有真实和虚拟组合环境以及人机交互，其中“X”表示任何当前或将来的空间计算技术的变量[118]。从这个意义上而言，扩展现实包括虚拟现实、增强现实、混合现实等多种形式。所以，为了避免概念混淆，XR 可被看作是一个总称式的术语，按此理解的 XR 就可以分为多个层次，从仅是简单二维或三维观看的虚拟世界，到能用视觉、听觉、触觉、味觉和嗅觉五感互动的沉浸式世界。

7.1.2 XR 为营造沉浸式学习环境提供的资源支撑与实施技术

沉浸式学习（Immersive Learning）是使用模拟或人工环境进行学习的过程，该环境使学习者完全沉浸于学习中，并且感觉就像体验了实际的学习环境。虚拟现实技术的飞速发展增加了沉浸式学习体验中的沉浸深度。当技术发展至扩展现实阶段，沉浸式学习是指通过使用虚拟现实、增强现实、混合现实及扩展现实等各类技术为学习者营造一种真实感极强并且无干扰的环境，在这个环境中学习者可与各种对象进行交互。

比仿真教学系统更进一步，沉浸式学习环境综合利用立体眼镜、数据手套及头盔、操纵杆等各类跟踪系统使师生感觉完全置身于真实场景观察事物。Limniou 等设计了名为 CAVE（Cave Automatic Virtual Environment）[119]的沉浸式虚拟教学环境。CAVE 的跟踪系统记录 3D 物体的角度和方向的变化，操纵杆帮助用户向前或向后移动 3D 物体或旋转不同角度的物体。教师将跟踪系统上戴在头上，以便简单地通过移动头部来观察虚拟现实环境，而不需要一个单独的控制器来改变图像的角度。为了让学生更好地观察，教师使用操纵杆把分子向前或向后旋转，从而解释发生反应的化学变化。为了让学生从不同角度观察结构的分子的变化，教师可以停止或翻转动画。参加实验的学生戴着立体眼镜，当教师提出问题时，学生们能非常积极地参与回答。

沉浸式学习环境比仿真教学环境对软硬件设备的要求更高，相应地学生在沉浸式学习环境中对真实情景的体悟、感知程度也更深。上述 CAVE 案例中通过与传统课堂教学中学生课堂参与度及最后成绩的比较，发现使用沉浸式虚拟学习环境的学生课堂参与度显著提升，虚拟学习环境使学生感觉到他们在化学反应现象内能多视角观察化学反应的进行，从而积极参加教学过程，能积极回答老师提出的关于分子结构的问题。在传统课堂教学上，借助二维画面和教师讲解，学生们并没有意识到三维空间中的分子及其体积，但通过使用三维虚拟学习环境，学生很容易理解分子是不平坦的。相比于二维画面展示，CAVE 中的三维动画可以让学生更好地感知化学反应过程中分子结构的变化，因为学生可以暂停或旋转动画，向前移动或向后移动从而更好地观察。使用 CAVE 后，学生对 CAVE 的评价积极，他们认为自己似乎参与了化学反应，可以从不同的角度观察它。无论是借助仿真教学环境还是沉浸式学习环境所搭建起的虚拟课堂，都一定程度上能促进学生提出更多的问题，增加与教师的互动。

1. 沉浸式学习的特征

斯坦福大学虚拟人类互动实验室基于十余年的神经科学研究发现，良好的虚拟现实体验能有效提高学习者的参与度、知识的记忆水平及自我效能感[120]。Freitas 等概括了沉浸式学习环境所表现出的三个典型特征：情境性（Simulative）、认知性（Cognitive）和关联性（Associate）[121]。情境性是指学习者在沉浸式学习环境其实是活动于某个实践社区，认知性是指学习者的活动是建立在经验、反思、抽象和实验的基础上，关联性意味着学习者能获得即时反馈。总体而言，沉浸式学习环境能较好地激发学习者的主动性，沉浸式学习是数字化学习的未来，沉浸式学习能够创建与现实世界无法区分的虚拟世界。在为学习者提供沉浸式学习体验的众多方法之中，模拟、基于游戏的学习、扩展现实技术和 360 度视频这四种方法较为常见，这四种方法都为学习者完成如图 7.1 所示（该图源自著名的 Kolb 模型[122]）的探究式学习提供了环境支撑，可为学习提供场景、提供互动式故事讲述，可以开展复杂的决策模拟，并能够为学习者提供虚拟空间内的社交与协作。

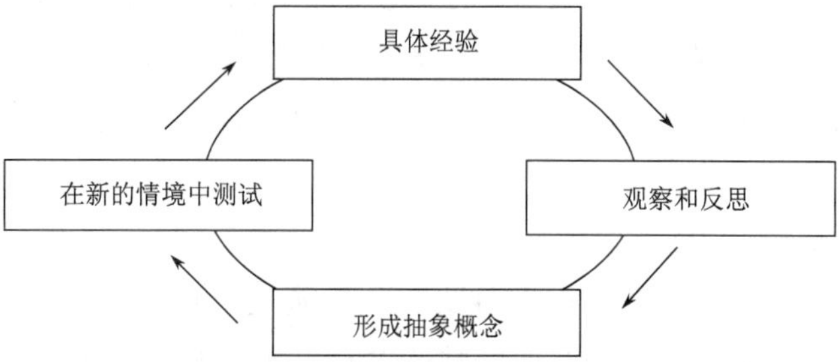

图 7.1　Kolb 探究式学习模型

沉浸式学习环境为学习者创建了真实的或是虚实融合的情境，在其间学习者可以有操作、交互、参与的具体经验，由此产生观察与反思，从而对某方面知识或技能形成抽象概念，然后再将对这些概念的理解应用于新的情境，以检验或测试建构的概念模型的正误，从而做出相应的修正。但需注意的是，沉浸式学习与体验式学习又具有一定的差异。沉浸式学习至关重要的是利用了虚拟现实、增强现实和移动设备等技术，而体验式学习并不需要这些技术，并且沉浸式学习更专注于打造无干扰的世界和以学习者为中心的学习模式。

2. 营造沉浸式学习所需的资源支撑和实施技术

XR 一方面在营造沉浸感上比既往的虚拟现实技术更进一步，另一方面作为技术内涵非常广泛的概念，XR 包含了能够创造沉浸式和身临其境体验的所有技术。长期以来，学习资源匮乏、设备价格高昂是制约虚拟现实教育应用的两大重要因素，而 XR 的发展为资源的制作与开发提供了更多集成和简化的平台，大幅度降低了对广大教学资源开发者和普通教师的技术门槛，可以很便捷地开发模块化和可重用的 XR 教学资源，可高效开发 360 度视频和沉浸式互动教学视频。同时，伴随 XR 技术应用于智能手机，以及大量价格较低的 XR 眼镜、触感手套等设备的推出，应用 XR 营造沉浸式学习的资源和技术障碍都已大幅减少。

（1）灵活开放的 XR 资源。

能够提供灵活和开放的资源一直是数字革命中被长期关注的问题，XR 将在共享内容资源和软件开发方面形成新的机遇，行业培训和整个教育界都将受益于为完整的 XR 环境和 VR/AR 资源而开放的存储库，因为它们是模块化、可重用和可扩展的。如在杜克大学，艺术、艺术史和视觉研究系的数字博物馆实验室创造了一批这样的资源，该实验室以挖掘信息为目的，与古典艺术、计算机科学和脑科学研究合作，致力于模拟过去而不是重建过去。由于资源充沛，学生利用这些资源可在虚拟博物馆课程中创建自己的虚拟博物馆，将因战争而损坏的东西可视化，其中用到了增强现实、沉浸式虚拟现实、3D 建模、WebGIS 和整体可视化等各种技术[123]。

（2）触觉反馈。

触觉反馈是非常重要的人机界面设计元素，通过触觉界面可以很快读取信息，也能直观地表达出人的情绪信息。触觉技术为计算机增加了触摸和感觉的意识，可以通过向用户施加力、振动或运动来使用户感觉到动作、阻力[124]。当传感器与人体皮肤接触时，即具有触摸感，则称为传感器获得的信息。所以在触觉反馈技术中，触觉传感器（Force Touch Sensor，FTS）是一个非常重要的部件，触觉反馈系统通常由触摸产生的压力、压力的识别、识别后的回馈指令三个大的部分组成。

触觉技术中的动觉反馈与通过感觉器官对身体各部位的位置和运动的认识有关，它依赖于传感器在关节和肌肉中获取的信息，它使人感受到通过受体与身体接触时所施加的力。触觉设备包含主动触觉设备和被动触觉设备两种类型。由计算机控制的通过电子、电气或机械方式向用户提供触觉或力反馈的设备被称为主动触觉设备。这些设备配备有产生力的反馈设备，如 Phantom、Cybergrasp 等。相对而言，被动触觉设备是人为控制的，这些设备配备有致动器，该致动器仅根据用户的运动产生动作，如手套、可穿戴设备和外骨骼等。触觉反馈技术在游戏行业和医疗行业获得大量应用，游戏行业在视频游戏中广泛使用此技术，移动应用程序开发商已将触觉反馈技术应用于移动游戏中，创造逼真的震撼感，医疗应用程序使用为医学模拟而设计的 Haptic 界面支撑远程手术和虚拟医学培训。

（3）手部跟踪与手势识别技术。

手部跟踪一直被认为是一种交互技术，能够提供更自然、更具创造性和更直观的方法来与计算机进行通信，手部跟踪系统使用人的手掌和手指作为输入。手部跟踪与手势识别这两种方法都允许用户用手与计算机交互，而不需要触摸、控制器或设备。在某些情况下，手跟踪或手势识别系统使用标记、手套或传感器，在大多数情况下，这两类系统的应用都不需要用户触摸任何东西。但手势识别系统和手势跟踪系统有一个根本的区别，手势识别系统识别特定的手势，并且只有这些手势，例如，使用竖起大拇指的手势来表示“确定”，或者使用放平手来表示“停止”。基于手势的系统通常仅限于特定数量的手势，对于数量有限的手势，手势系统通常会相当准确地识别它们。当前一般借助于体感控制器和深度相机等方法进行手势跟踪[125]，手部跟踪在增强现实应用中非常有用，因为它提供了易于使用的自然用户界面与数字信息交互，通常需要特殊的深度传感器和独立处理器等昂贵的技术，但现在这些技术的价格正在大幅降低。

（4）360 度视频和沉浸式互动教学视频。

视频是当前可用的最吸引人的内容形式，这就是如今许多数字学习课程都基于视频的原因。尽管传统视频能在计算机和移动设备上观看，但它们却无法与 360 度视频的身临其境的学习体验相提并论。如果想让学习者全面了解地理位置和某个建筑物，那么 360 度视频尤其有用。

360 度视频的创建通常需要 360 度摄像头、三脚架、照明、麦克风等设备，完成拍摄后，必须编辑视频才能将其转换为合适的视频学习模块或课程，常用的编辑软件有 Adobe Premiere Pro、Final Cut Pro 或 VSDC 等。为了给学习者提供身临其境的学习体验，必须使用游戏引擎软件，通过向视频中添加 3D 动画和其他内容，将 360 度视频转换为交互式、个性化的视频游戏。现在有许多出色的游戏引擎软件，例如，Unreal Engine、Unity、GameMaker 和 CryEngine，这些软件帮助用户将 360 度视频变成真正的虚拟世界。为了简化 360 度视频的制作与使用，一些集成化平台正在出现，如 Uptale 和 Near-Life。Uptale 提供分数统计、交互统计等功能，大大简化了教学团队创建量身定制的在线和沉浸式学习体验的方法[126]。Near-Life™ CREATOR 是一种交互式视频创作工具，可让教学开发者设计开发沉浸式学习场景。Near-Life™ CREATOR 使学习设计师和内容制作者免于对复杂的虚拟现实技术的操作，并将基于场景的学习的创建提高到一个新的水平[127]。

大批量移动应用程序的推出为扩展现实技术迅速走向普及提供了坚实的基础。如谷歌长期运行的 Tango 项目最终通过 Lenovo Phab2 Pro 和 Asus Zenfone AR 进入智能手机，Tango 使设备能够了解空间并在室内提供精确的位置信息。苹果公司在 2020 年 6 月的开发者大会上宣布了适用于 iOS 的 ARKit，这是一个易于使用的移动平台，用于为 iPhone 和 iPad 开发增强现实体验，开发人员已经开始在网络上分享令人印象深刻的 AR 体验。

7.2　扩展现实支撑沉浸式学习的应用模式

沉浸式学习研究网络（iLRN）是由开发人员、教育者和沉浸式学习的专业研究人员组成的国际组织，他们致力于开发基于虚拟现实、增强现实及扩展现实的沉浸式学习的理论、技术和潜在应用。iLRN 已经成为在研究沉浸式学习、扩展现实教育应用等方面具有重要国际影响的学术组织和会议平台。iLRN 指出，有效的沉浸式学习体验是使用多种技术在多种媒体中创建的，并采用了涵盖许多学科的丰富知识，包括但不限于计算机科学、用户体验和媒体设计、学习科学、体系结构、游戏开发、人工智能、生物学和医学等。沉浸式学习和培训可能存在与之相关的数千个学科和职业领域，iLRN 通过对多学科领域沉浸式学习语境、实例的分析，力图为学习者创造有效的沉浸式学习体验。iLRN 2020 会议全部在线召开，会议使用了专门的扩展现实会议平台，让参会者在虚拟会场漫步、做学术汇报和提问。本节选择 iLRN2020 会议中发布的 XR 教育应用的实践探索作为主要案例分析资料，依此呈现 XR 支撑沉浸式学习的主要技术路径和应用模式。

iLRN2020 会议共征集 84 篇论文，对论文的内容分析显示，扩展现实技术可以支撑创建如表 7.1 所示的七类沉浸式学习情境。

表 7.1 基于 XR 技术创建的七类沉浸式学习情境

序号	学习情境	技术类型及设备
1	虚实融合的混合式学习空间	AR、VR、Hologram 组件
2	虚拟实验室	HTC Vive、Oculus Rift、Microsoft HoloLens、虚拟现实移动平台和 Wii Balance Board，HTC Vive、3D 打印技术
3	游戏化学习	Oculus GO、各种手持控制器
4	职业培训中的模拟社交	Oculus Rift 和触摸控制器、360°视频、Oculus Quest、带有 iPhone 的虚拟现实耳机、Wonda VR、Google carbonder 和 Google Daydream、Oculus Go 等
5	沉浸式故事讲述	360°视频，支持 AR 的移动应用程序
6	让学习者成为创意设计者和创造者	WebVR 和 InstaVR 平台、Google Jump VR 摄像头
7	STEM 中可视化完成任务	支持 AR 的移动应用程序

7.2.1 虚实融合的混合式学习空间

扩展现实技术支持的沉浸式学习环境是智慧学习环境新的发展趋势。在过去的十多年间，校园内建立了各类型的学习空间，希望能够访问 XR 并利用新开发的沉浸式内容。混合学习空间和 XR 沉浸式实验室是沉浸式学习环境的重要体现。Roopesh 的研究团队初步探索了通过以 MOOC 为中间桥梁充分利用 AR、VR 和 HOLO 的技术潜力将物理学习空间和虚拟学习空间结合起来打造一个混合学习空间[128]，该项目的目标是创建一个混合学习空间，将传统课堂与虚拟环境结合起来，该学习空间的打造坚持了以下四个原则：①创造一个学习空间，让学习者开展创造性活动；②通过支持个性化学习体验，将知识转化为行动；③通过动手设计和迭代实现高阶问题解决；④通过为学习提供虚拟空间，克服物理空间的局限性。混合学习空间包含被称为Merlin游乐场的物理学习空间和被称为Merlin在线的虚拟空间，这个虚拟空间是一个可以作为虚拟现实、增强现实和全息空间延伸的 cMOOC。图 7.2 是融合 VR、AR 和全息图像（Hologram）设计而成的混合式学习空间。

7.2.2 基于扩展现实的虚拟实验室

人们一直在努力研究虚拟世界对学习的支撑，包括将第二人生（Second Life）用于可视化化学概念。但是长期以来这些体验仅限于二维屏幕，与虚拟设备的所有交互都只能通过鼠标和键盘进行。有人通过 Wii 遥控器将更多的触觉体验与在线化学结合起来，然而，这些实验仍然使用二维显示界面，无法从自由定位的角

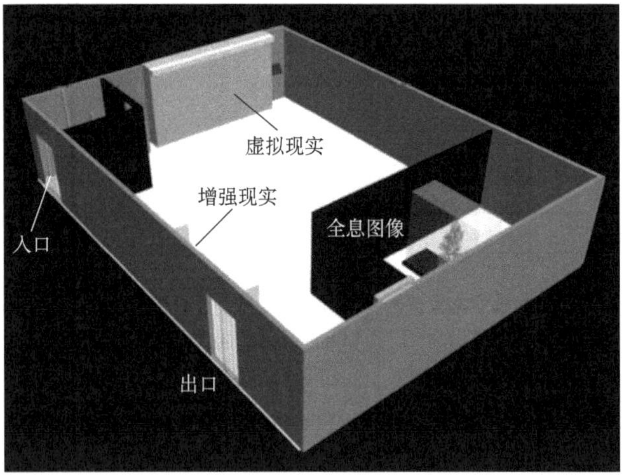

图 7.2　基于虚拟现实、增强现实和全息图像的混合学习空间

度显示丰富的流体交互作用。加州州立大学圣马科斯分校为了帮助激发学生的积极性[129]，设计了基于 XR 的虚拟实验室，使学生体验在传统学习环境中受到限制或不可能实现的实际操作场景。该研究采用的理论框架是学生动机的注意、关联、信心和满意度模型。学生的学习动机是让学生参与学习过程的一个重要组成部分，该研究的目的是确定大学生使用 XR 沉浸式实验室的注意力、满意度、相关性和自信心，从而确定 XR 沉浸式实验室在多大程度上会改变学生对运动控制和学习课程的认知和学习动机。该研究从加州州立大学圣马科斯分校开设的名为“运动机能学 301：运动控制与学习”的高等学区本科课程中征集了 148 名参与者，包括大三学生和高年级学生。在沉浸式实验内容结束后，学生们被要求写一篇反思，回答关于在实验室中使用虚拟实验室的感受，他们还被要求匿名完成 IMMS（Instructional Materials Motivation Survey）动机量表的在线调查，以评估学生的学习动机。来自 IMMS 调查和学生反思的结果表明，与传统教学方法相比，XR 沉浸式实验室提高了学生的学习动机。

化学学科是开展实验较多的一个学科，在这个学科中开展基于扩展现实的虚拟实验有广阔的空间。但目前大多数在线化学学习经验都局限于鼠标和键盘的交互作用，缺乏触觉实验室反馈。针对未来的在线化学教学，Amador 等提出了一个滴定实验[130]，用相应的物理触觉滴定管，将实验室的物理感觉嵌入虚拟现实学习中，以获得更广泛的访问。Amador 等研究了如何在完全沉浸式世界中进行触觉交互，帮助学生更好地理解和掌握关键的化学概念，例如滴定原理。该研究开发了一个围绕滴定实验的虚拟现实体验来加强在线化学教育。他们开发了一种酸碱滴定经验，学生可以观察液体相互作用和滴定的颜色变化特性，也可以通过读取虚拟滴定管内液体的弯月面来确定液体的分配体积。通过 3D 打印电子设备，学生还可以控制物理触觉滴定管，在虚拟现实中操纵相应的虚拟滴定管。实验室将视觉上令人信服的流体相互作用与触觉滴定管的触觉结合起来，能够给学生提供印象深刻的滴定体验，真正给学生提供如戴尔所说的“做的经验”，这种经验和体验都源于基于扩展现实的虚拟实验让学生感觉到自己在实验中的存在，自己操纵滴定管的过程不是如过去虚拟的二维界面中那样操纵某个按钮或者仅是简单地点击鼠标，而是学生真正能够做出拿取、倾倒的手势和动作。

7.2.3　基于扩展现实建构游戏化学习

游戏化学习是伴随着严肃游戏或者说是教育游戏的发展而产生的新名词，强调的是借助游戏媒介或者抽取游戏设计中的元素、方法及技巧等，提升学习者学习动机，激发其主动学习。应用扩展现实打造沉浸式的游戏环境不仅增加学习过程的趣味性，更为重要的是走出传统的二维界面体验方式，使学习者（游戏参与者）与环境有更深度的互动，这为学习者充分体验某些具有危险或恐惧的情境提供了可能，也极大程度上拓宽了某些行动不便的学习者感知世界的范围。

针对在 STEM 相关领域学习有困难的美国高中生这一人群，Bodzin 等设计并开发了一款沉浸式虚拟现实（immersive VR，iVR）游戏，供中学生了解流域内的地理位置，主要关注他们所在的城市[131]。iVR 指的是在模拟环境中使用 VR 耳机生成真实图像和声音的交互式体验，以及允许交互来模拟用户在三维虚拟环境中的物理存在的手持控制器。使用 iVR 的人能够在一个人工世界中移动和环顾四周，并在教室环境中与虚拟功能或项目交互，而不会分心。iVR 游戏环境呈现出对学习者有很大吸引力的几个特点，诸如对用户体验的主动控制、自然而安全的环境，以及真实世界情景的真实再现，从而提高参与度和学习能力。iVR 提供真实的地理位置感和对特定地点的沉浸感。在一个 iVR 游戏环境中，真实的图像、内容、数据、动画、视频和叙述被结合在一起，为学习者提供高度沉浸式的学习体验。iVR 技术允许在沉浸式环境中提供此类支持，这为非英语母语者和有行动障碍的人提供更好的访问 STEM 相关内容的途径。iVR 技术使学习者能够体验到危险的地理位置或情况，图 7.3 是该游戏设计的概念模型。

iVR 学习模型侧重于通过 iVR 游戏体验参与和学习的要素。参与可以定义为一个人在任务中的专注、参与和坚持，因此与适应性或自我调节学习相关，参与是任务过程中发生的事情，是学习者与任务本身和支持环境的特点相互作用的结

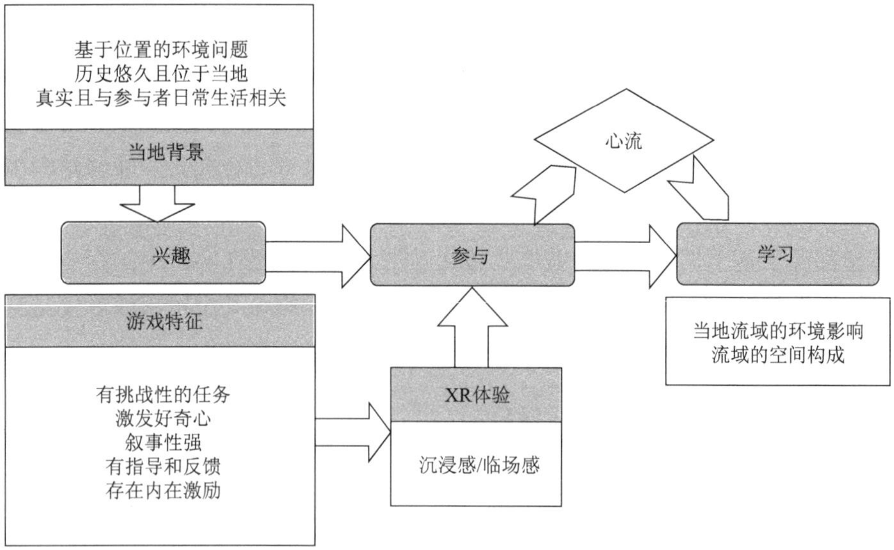

图 7.3 沉浸式游戏化学习的概念模型

果。参与的三个维度：①行为参与，关注的是参与学习活动的人的样子或正在做什么；②认知参与，专注于思维过程或注意力导向，处理和理解学习任务中的内容；③情感投入，包括在科学活动中体验到的情绪。iVR 的研究者在美国东部的一个城市学校环境科学班，对 54 名 16～18 岁的青少年实施了 iVR 游戏的原型。研究结果显示，几乎所有的用户（98.1%）对使用虚拟现实游戏持积极态度。学生的回答指出，他们经历了高度的沉浸感和在场感。此外，学生对在学校环境中使用 iVR 游戏的学习态度也很好。基于游戏的 iVR 学习通过将学习放在学习者的真实体验中，提供了一种高度沉浸式、即时和个性化的学习体验，青少年学习者表现出很高的参与度。

7.2.4 应用扩展现实打造职业培训中的沉浸式学习情境

XR 技术将在发展未来劳动力方面发挥关键作用。虽然扩展现实技术已经在专业领域获得广泛应用，但显然有必要将其扩大到所有入职领域，包括软技能的培养和多元化培训。有学者进行了一项基于随机对照试验的分析，以确定虚拟现实培训项目在培养社交技能方面的总体有效性[132]。研究表明，虚拟现实培训项目在培养社交技能方面的表现平均优于其他项目，但先前的研究大都侧重于练习运动技能，只有少数研究侧重于学习社会技能以及在特定情况下如何与他人互动。

Michael 探讨了一个以游戏为基础的虚拟现实训练方案在软技能、人际关系技巧与陈述性知识相结合的领域的效果。个人面对面（Face to Face，F2F）辅导被认为是培养人际交往能力的黄金标准，也是该领域最常用的专业培训方法，但是传统的培训方式通常需要花费比较长的时间，学员非常容易感觉到疲倦和分心，导致培训效果事倍功半。除此之外，典型的 F2F 研讨会元素，特别是角色扮演行为，有时会让人感到尴尬或不快。当被要求和其他人（大多数是陌生人）进行角色扮演时，他们感到不舒服。该研究团队探讨了高沉浸式虚拟现实培训解决方案是否是银行业专业培训的可行方法。高沉浸式虚拟现实培训通过 360 度视频摄制高清的银行销售场景并通过 VR 头戴式设备提供沉浸式的技能培训体验，这种培训效率高且职员不会感到尴尬。他们对基于虚拟现实的培训方案和覆盖同一领域的面对面培训进行了比较，共有 46 名奥地利银行的银行顾问参与了这项研究，其中一组（34 名参与者）接受传统的一天面对面现场研讨会（F2F 组）的培训，第二组（12 名参与者）采用高沉浸式虚拟现实训练游戏（VR 组）进行训练，VR 组采用 360 度交互式视频组成的高沉浸感游戏式 VR 解决方案进行训练（见图 7.4）。

图 7.4　360 度视频截屏：银行顾问与客户进行销售谈话

在虚拟现实体验中，学员可以观察到银行的真实情况，例如，对进入银行的客户提供服务，或观察银行职员间的交谈等。与交互式游戏类似，受训者可以干预场景，并做出某些预设的决定，例如，选择银行职员对某些客户问题的回答，或将银行职员的注意力引向特定客户，所用技术是在 Unity3D 中加入 Oculus Rift 耳机和触摸控制器。培训结果表明，使用虚拟现实训练的受试者对训练更满意，学习积极性更高，受试者认为虚拟现实培训更加浓缩和集中，且用户的行为和反应可能更加放松和不受约束，当将不愉快或破坏性的训练元素转移到虚拟世界中时，可以保持教育优势，同时减少心理障碍。与银行职员相似，专业营养师不仅需要很强的医学专业知识，高超的社会技能也必不可少[133]，因此会话技巧训练在营养学课程中扮演着不可或缺的角色。传统的教学方法受到环境条件的制约大，无法及时有效的满足所有人员的需求，头戴式显示器的出现为营养师和其他保健专业人员在会话技能训练方面提供了更好培训机会，例如，可以将通常在教室中进行的角色扮演练习转移到如医院这样具有高实用相关性的虚拟环境。

除了以上示例之外，iLRN2020 会议还展示了应用 360°VR 模拟的社工专业社区互动培训[134]，还有纽约大学社会工作学院将 VR 模块整合到课程中，创建 VEU（Visual User Environment）框架为学生提供交互体验，以磨炼学生的社会工作实践技能，特别是与客户参与和评估相关的技能[135]。VEU 采用多种软硬件来捕捉声音和表演表现，该框架能够适用于 Oculus Quest 耳机，这个虚拟环境能够实现对用户六个自由度的手跟踪，因此学生可以接触并以一种直观的方式与环境互动。沉浸式虚拟现实在建筑教学中也大有用武之地，在 VR-C3S 中，学生利用模拟中可用的测量工具评估模拟建筑工地的安全性[136]。VR-C3S 利用一个独立的 Oculus Go 虚拟现实耳机为建筑管理专业的学生提供了一个实践性学习体验，让学生参与到主动学习中。

7.2.5 应用扩展现实将沉浸式故事讲述融入学习

讲故事的历史非常悠久，它已通过多种形式找到了途径，从口头传统到网络上的艺术、文本、图像、电影和多媒体格式。当进入沉浸式技术世界时，虚拟和增强现实将改变故事叙述。在传统的讲故事格式中，叙事结构被呈现给听众，阅读者或观看者。但在虚拟现实中，听众不再是被动的见证人[137]。

沉浸式叙事同时使用了 360 度视频和虚拟现实，视频使用 360 度摄像头捕获，而沉浸式计算机生成的 VR 世界则是在 Unity 和 Unreal 等游戏引擎中开发的。观众采用不同的观点，有时甚至成为主角，可以走进故事并与虚拟世界中的人和物体互动。在 VR 中的存在感改变了听故事的体验，参加者成为环境的一部分，这激励听众对遇到的事件采取行动并做出响应。基于构建沉浸式叙事的理论，有学者提出了增强现实（AR）书籍的 ARI²VE 模型[138]。AR 书籍能够借助 AR 技术的潜能在传统纸质书中加入互动元素和虚拟物体，这为读者提供更直观和生动有趣的阅读体验，能够更好地理解文本，更积极地投入阅读。但是目前的研究大都只关注 AR 丰富多样的技术潜能在书籍中的应用，忽视了对教学设计和学习者身心特点的考虑，该研究将 AR 技术的潜力和学习与教学的科学的发现结合了起来，

构建了 ARI^2VE 模型，该模型的组件包括互动（Interaction）、可视化（Visualization）、参与（Engagement）和相互作用（Interplay）。每一个组件都充分地将 AR 技术的潜力与学习和教学的原则结合了起来，最后融合成一个完整的模型，发挥 AR 支持学习和教学的最好效果。互动包含与物的交互也要实现人与人之间的交互，可视化是以多种媒体为技术基础的，需充分考虑学习者的认知负荷是否过载，要使学习者完全理解学习内容并产生深度学习。

7.2.6　应用扩展现实让学习者成为创意设计者和创造者

学生渴望不仅仅是成为新媒体形式的被动消费者，沉浸式技术激发了学生成为新媒体的创造者和积极探索者[139]。有学者与市场营销专业的学生合作，帮助他们为自己的高端项目开发 VR 体验。学生使用 WebVR 和 InstaVR 平台来开发与区域企业相关的应用。通过创建引人入胜的 360 度导览，学生不仅可以自己学习这些新工具，还可以帮助当地组织了解 VR 营销和公共关系的可能性。

许多教育研究者在复杂的模拟和可视化信息的方式中看到了 VR 和 AR。但是，随着沉浸式技术的普及，学生将能够设计原型并创造自己的体验。这些新技术使学生将发明具有丰富意义的新型互动叙述形式，这将改变学习者对世界的理解和体验。居住在这些混合现实世界中将创造共同存在和共同创造的机会，为学生创造一个探索沉浸式技术的空间。

7.2.7　扩展现实助力 STEM 教育

在 STEM 教育中可视化编程、AR 应用并不少见，但在培养计算思维（Computer Thinking，CT）方面研究 AR 技术使用的文献仍然很少。教育增强现实是为实现教育目的而设计的增强现实可视化，允许用户感知投射在物理环境上的虚拟信息，有效地降低学习过程中的认知负荷，从而提高对复杂、抽象学习内容的感知。AR 和 XR 能增强学习者在 STEM 领域的学习体验，支持复杂概念的学习。有学者设计了一个基于 CT 框架和 AR 可视化的移动 AR 应用程序，在设置“调试自动直升机”任务中，用户被要求修复一个坏掉的电脑程序，确保它能让直升机飞越墙壁，同时在途中收集所有的旗帜[140]。该任务是基于已建立的 CT 框架中的关键组件精心设计的，包括抽象（提取相关信息）、分解（将问题分解为更小的部分）、模拟（模拟真实过程）、模式识别（观察规律）和算法设计（创建有序的指令系列），为了避免界面的局限性，采用基于组块的编程设计语言，简化编程界面以适应移动设备上的小工作区，任务仍保持复杂性，需要用户具备足够的 CT 能力来设计正确的解决方案。

该研究还特别设计增强现实学习体验（Augmented Reality Learning Experience，ARLE），包括 VR 和传统 3D 可视化所缺乏的用户内容的交互以及用户之间的交互。为进一步探索 AR 可视化是如何影响用户在调试任务中的协作问题，该研究将整个代码分为两部分分别呈现在两个设备上，程序执行期间通过网络实现同步，有效减少二元工作负载不平衡的可能性。研究者以 2019 年秋季未毕业的计算机信息学课程的 24 名学生为研究对象进行了对照实验研究。结果表明，使用了增强现实环境的学生与未使用 AR 的学生相比，任务通过率更高，代码设计错误率更低，代码编辑更有效，沟通更多。这些发现为 AR 技术支持 CT 调试任务提供了实证依据，并对算法设计产生了积极影响，在考虑 AR 可视性的前提下，如果内容设计得当，AR 可视化将有助于 CT 的培养。

XR 在创建沉浸式学习情境的过程中，也在不断融合应用人工智能技术，人工智能将成为塑造沉浸式体验的重要驱动力。首先，人工智能为扩展现实的实现提供了算法基础，XR 需要将复杂的、多元的非结海量数据做集中处理，要应用边缘计算等人工智能算法以及相应的数据源平台，以减少终端设备的负荷。其次，XR 营造的沉浸式环境对用户的即时反馈和适应能力也在增强，iRLN2020 会议中 AM 培训导师即是一个融合扩展现实和人工智能的典型示例[141]，通过该交互式教学系统，学生或受训人员操作虚拟的机器，他们会收到关于他们在建立部件过程中是否采取了正确和合理的步骤的反馈，在使用各种工具时也可得到提示。人工智能应用于 XR 环境还能有效记录用户的行为，这将用于存储和维护学习过程记录和验证学习者虚拟化身的真实性。

XR 相关的技术发展非常迅速，2020 年 6 月 Google 的光场视频（Light Field Video，LFV）技术获得突破性进展，该技术具有记录、重建、压缩和提供高质量沉浸式光场视频的能力。可以看出，开发 XR 教育资源的技术门槛正在降低，沉浸式学习环境的营造成本也在大幅减少，为教育机构节省了大量的空间、时间和费用，在伦理层面 XR 还使相关的学习不再使用活体动物、没有辐射的风险或者其他道德层面的限制，如同人工智能进入教育领域一样，扩展现实应用于教学也将渐趋成为常态。《第四次革命》的作者预计每个人都将经历“线上人生”[142]，这里“线上”的概念不再限于是文字界面或二维空间，而是包含有丰富情境体验的虚拟空间，XR 为学习者足不出户即能踏入广阔的实践学习空间提供了坚实支撑[143]。

第 8 章　人工智能课程教学

人工智能经历六十余年的发展之后，对医疗、交通、商业、航天、农业等领域产生重大影响。智能机器的诞生改变了传统的工业和农业生产方式，代替人类做单调重复性工作，帮助人类节省出时间和精力投入到创造性工作中去，极大地提高了生产和工作效率，这也必将影响到我国未来的人才培养和就业。因此，人工智能的突破性进展是人类发展史上一个重大转折，人类的思维方式和工作方式将发生重大转变，人工智能将推动信息时代进入人工智能时代，信息社会向智能化社会转型。2021 年 11 月中央电化教育馆发布了《中小学人工智能与技术素养框架》，旨在明确中小学人工智能学科核心素养的基本内容与要求，为在中小学阶段普及人工智能教育提供课程标准制定、教材编写和课程开设的参考和依据[144]。本章将着力从信息素养内涵转型的视角分析信息技术课程的变迁和人工智能教育的目标，并探究人工智能课程教学实施的策略和路径。

8.1　智能化社会需要具备人工智能素养的新时代公民

8.1.1　智能化社会的图景

2016 年 9 月，斯坦福大学发布的《2030 年的人工智能与生活》（Artificial Intelligence and Life in 2030）详细解释了在交通、家庭服务、医疗保健、社区、公共安全、就业、娱乐、教育等八个方面人工智能将产生的深远影响及颠覆性变革[145]。

自动化交通很快会司空见惯，自动驾驶汽车将比人类司机驾驶的汽车更安全。在家庭或服务机器人方面，更好的芯片、更低成本的 3D 传感器、基于云的机器学习，以及语音识别技术的提升，将进一步强化未来的机器人服务，及其与人类的互动。在医疗保健领域，通过外科手术机器人，人们收集到了大量实用信息。在社区建设方面，利用数据挖掘和机器学习，人工智能已被用于创建各种预测模型，帮助政府机构解决如防止儿童铅中毒、有效发放食物等问题。在公共安全领域，北美一些城市和政府机构到 2030 年将广泛依赖人工智能，包括摄像头和无人机监控、识别金融欺诈的算法、制定预防性策略等。在就业领域，人工智能可能会取代如汽车或卡车驾驶员等特定岗位上的劳动者。在娱乐领域，社交网络和其他平台已经利用自然语言处理、信息检索、图像处理、众包和机器学习等技术改变了人们共享和浏览博客、视频和照片的方式。一些传统的娱乐方式已开始用人工智能来创作歌曲，营造舞台效果，打造 3D 场景等。将来，人工智能会让娱乐变得更具互动性，更加个性化。

在教育领域，国内科大讯飞和 51talk 等公司开发出的语音测评软件已实现用户跟读，对发音的正确性做出评估。Siri 作为苹果手机上的一项典型应用，具备收发短信、寻找联系人、定位、搜索、翻译等诸多功能，极大程度上提升了手机与人交互的流畅性，一定程度上实现了手机对用户的自然语言理解。这些技术被引入教学系统后，教学系统与学习者间的交互便捷性提升显著，自动批改作业、自动教学测评等应用相继被开发成功。基于眼动数据跟踪技术，人工智能除了识别学习者的面部表情，还可以从学习者的眼动数据跟踪中分析学习者的学习兴趣、内容偏好等。

8.1.2　课程教学中信息素养内涵的转型

1. 计算思维是智能化社会公民的重要素养

2017 年，《美国国家教育技术计划》对新时期学习目标的描述是，让所有学习者都能参与并提升校内外学习体验，使其成为全球网络社会中积极并具有创造力、渊博知识和道德规范的参与者，将创造力放在学习目标的首要位置[146,147]。该计划首次提出“知觉学习模块”（Perceptual Learning Module，PLM），所谓知觉学习，就是学生对外在环境做出快速判断，在繁杂的信息中提取出关键信息的能力。这种能力的培养有助于将学生的记忆力和临场反应能力提高至较高水平。该计划为信息素养注入了新的内涵，即对于学习者来说，面对网络世界中繁杂的信息，学会把信息抽象和分解，完成复杂任务的重要能力。这种抽象与分解是完成问题的界定、数据的组织与应用、分析，随之实现问题的解决。这种能力与国际教育技术协会（International Society of Technology in Education，ISTE）和计算机科学技术教师协会（Computer Science Teachers Association，CSTA）所提出的计算思维（Computational Thinking，CT）内涵基本一致。ISTE 和 CSTA 对计算思维给出了操作性定义：问题解决过程，涉及问题的阐述、数据的组织、分析和呈现，包含解决方案的制订、识别、分析和实施以及问题解决过程的迁移[148]。

2. 编程能力是实现创造力培养的重要支撑

《2017 地平线报告：基础教育版》指出 STEM 教育能将计算机知识、解决问题和创造力结合起来，将成为增强国家经济实力的重要方式[149]。编程作为 STEM 教育中重要的一部分，帮助学生了解计算机运行规则，能够激发学生计算思维，培养编程素养，是适应未来发展趋势的需要。新时期，越来越多的国家意识到计算思维的重要性，并将编程教育纳入基础教育中。人工智能相关理论与技术的快速发展，能够促进跨学科学习环境搭建，逐渐消除不同学科之间的障碍。人工智能技术对于教学环境的支持，将改善现有的学习方式，学习方式由被动转向主动，课程内容与现实联系更加紧密，课程目标由获取知识转向创造知识及问题解决能力培养，需要学生借助编程完成协作性问题解决作和复杂性计算。

3. 适应人机协同工作需要学习者对智能化社会的深度认知

剑桥大学风险评估研究中心的联合创始人 Rees 表示，人工智能引发的将不仅仅是蓝领工作即将消失，相较于园艺和护理工作，日常的法律和会计工作更容易被取代，不同工作对人的吸引力将发生巨大变化，家长也应关注未来就业市场的变化。当前的学校课程，尤其是中学课程，并没有反映出机器人技术和人工智能技术带来的第四次工业革命，计算机编程课程需要更高一级的教学目标，从而提升学生的创造力[150]。人工智能的快速发展将给劳动力市场带来重大变化，有些工作岗位会被机器人取代，同时也会有新的工作机会产生，正如伦敦大学教育学院的人工智能教育专家 Luckin 所言，未来社会的许多工作需要专业人士与机器人共同开展，问题解决能力、协作能力和创造力变得越来越重要，学校应与时俱进更新课程体系，学生应花费更多时间和精力在合作中解决问题，并了解更多的人工智能基础知识及人工智能对智能化社会的塑造[151]。智能机器人将改变劳动力市场，了解机器人能做的工作及掌握人机协同工作的本领是未来学生的必备素养，学校应帮助学生提前做好准备，适应人工智能的快速发展。

8.2　信息技术课程的变迁与人工智能教育的目标

伴随着社会发展的信息化与智能化进程，信息技术课程在中小学课程体系中的定位及学习目标也在不断变迁。从 20 世纪 80 年代至今，信息技术课程的教学目标走过了从操作技能训练向信息素养提升的转型。当人工智能技术取得突破性进展并推动社会向智能化社会转型之时，人工智能相关内容在中小学课程体系中的定位需要进一步凸显与提升。

8.2.1 信息技术课程的变迁

1. 教学目标的沿革

20 世纪 80 年代，我国的信息技术教育被称为“计算机教育课程”，专业化教育成分较重，分为计算机工作原理、编程语言、软件和硬件结构、数据库管理等几个模块。20 世纪 90 年代，“计算机教育课程”由专业化向大众化过渡，主要教学内容包括文字处理、表格处理、幻灯片制作、信息检索、绘图等，培养学生检索、收集、组织、创造和传递信息的能力，让学生掌握日常生活和学习中基本的信息操作技能。进入 21 世纪，信息技术发展更加迅速，继提出“计算机操作水平”之后，2003 年的信息技术课程标准进一步提出“信息素养”是 21 世纪公民的必备素养，信息技术课程成为中小学必修课程[152]。其主要教学目标是要求学生掌握信息获取、加工、管理的方法，让学生学会在交流和表达过程中解决实际问题，引导学生探究和交流合作，让学生在实践中掌握解决问题的信息技术方法和思想，意识到信息技术是解决问题的重要工具。2017 年，浙江省更是针对信息技术课程做出高考变革尝试，将包含编程的信息技术课程列为 7 选 3 考试中的一门，所占比重与传统分科课程相同[153]。

2. 信息术课程体系中人工智能相关内容设置的演进

通过对不同时期信息技术课程标准的梳理与比较，能够更为清晰地看出中小学信息技术课程教学目标的发展脉络及人工智能相关内容设置的演进。我国中小学信息技术课程标准一般包括课程目标、课程内容架构、课程开设建议、课程内容描述、教材编写建议、教学建议、评价建议、教师发展建议八个部分[154]。人工智能相关内容是信息技术课程的一部分，多属于选修模块，表 8.1 是 2012 版中小学各级信息技术课程标准对人工智能相关教学内容的安排[155]。

表 8.1 中小学信息技术课程中人工智能相关内容的设置（2012 版）

学段	模块类别	模块名称	教学目标
小学	拓展模块一	算法与程序设计入门	运用游戏化编程工具，带领学生体验编程的乐趣
	拓展模块二	机器人入门	了解机器人及相关技术，帮助学生形成感性认识
初中	拓展模块一	算法与程序设计	运用高级程序设计语言，引导学生在实际问题和算法思想之间建立联系

续表

学段	模块类别	模块名称	教学目标
初中	拓展模块二	机器人设计与制作	了解机器人的设计方法与制作技能，帮助学生提高动手实践能力
高中	必修基础课	信息技术基础（其中“信息的加工”和人工智能相关）	掌握人工智能在信息处理方面的原理和应用
	选修一	算法与程序设计	学会用典型的算法解决特定要求的问题
	选修五	人工智能初步	介绍人工智能概念以及实现方式，让学生了解人工智能的基本原理和基本应用

对比表 8.1 中各学段人工智能的内容总量和学习目标，可以看出人工智能教育在中小学信息技术课程中扮演的角色。除在高中学段把部分人工智能知识作为所有学生的必修课之外，其他各学段与人工智能相关的课程均以“个性塑造”为宗旨，将课程设置成拓展选修课，满足不同兴趣偏好学生的需求，目的是使每个学生了解相关理论和技术的同时，选择自己感兴趣的领域进一步学习，尊重学生的个性发展。针对不同学段，课程内容在广度和深度上均有增强，小学阶段要求学生初步接触机器人和程序设计，形成感性经验；初中阶段培养程序设计和机器人制作与应用技能，开始学习用人工智能技术解决生活与学习中的问题；高中阶段则在学生具备人工智能基础知识，了解程序设计思想和基本编程方法的基础上，给学生以个性发展的空间，帮助感兴趣的学生形成更高阶的人工智能信息文化能力。在机器人教育领域，小学阶段只要求学生了解机器人及相关制作，在初中阶段则强调机器人的设计与制作，在高中阶段除要求学生自主开发简单的机器人之外，还关注技术能力与人文素养的双重构建。

8.2.2　编程能力与计算思维培养视角下的人工智能教育目标

1. 全面推进人工智能教育应主要指向培养学生编程能力与计算思维

教育信息化发展的初期，信息技术教育侧重于培养学生单纯的计算机操作技能，让学生体会到计算机是一门实用的工具。但随着信息技术的快速发展和一系列新型教育实践的展开，信息技术教育转而关注学生的信息素养，旨在培养具有较高信息素养的新时代合格公民。2015 年，教育部印发《关于“十三五”期间全面深入推进教育信息化工作的指导意见》（以下简称意见）[156]，该意见强调，基于情境、工程和项目的 STEM 教育、促进学科融合的创客教育有助于培养学生解决问题的能力，帮助学生形成信息意识和创新意识，鼓励中小学和各级教育单位

程语言之外，温州中学还开设了 Processing 相关课程，Processing 是以图形和交互的形式创作绘画作品，帮助学生建立用代码绘画的思想[165]。

2. 创客教育中人工智能技术的应用

2014 年起，创客教育在全国中小学逐渐开展起来，并建立了大量的创客教育实验室。创客教育和 STEM 教育一样，都是基于学科融合的跨学科项目式教学模式，以期达成创新教育的目的。

我国创客教育的教研团队以信息技术教师为主。信息技术教师对学校的软硬件技术、编程技术、电子器件方面有着较强的掌握能力，能够在技术层面给学生提供专业指导。但是创客并不是各科课程的简单叠加，而是一项从低阶到高阶、从简单到复杂的创造性活动。初级课程以电子、机械、计算机基础课程为主，中级课程侧重训练 3D 建模、电路、电子切割、高级编程等技能；高级课程则围绕特定的现实项目，指导学生组成团队，共同创造出新方案或者新产品[166]。温州实验中学创客教育团队自主研发了“多媒体编程”、“电子制作”、“机器人”、“网页编程”等一系列创客教育校本课程，并创建了创客空间实验室，学生可以在教师指导下参与多学科综合研究项目[167]。北京景山学校还借助第三方企业，如新车间、机器人战队，联合研发面向该学校的创客课程设计模式，参照原有的机器人课程，融入新理念新方法之后开发出新的机器人校本课程[168]。

随着创客教育和 STEM 教育的开展，编程、机器人等已经进入广大师生的视野，并激发了学生的创作热情。部分一线教师已经将新的教育模式从理论转化为实践，并尝试寻找编程、机器人等人工智能技术在科学课程与综合课程中的定位，试图挖掘人工智能技术带给综合课程更大的创造空间。人工智能技术在综合课程中体现为三个方面的用途：第一，作为发现问题的途径，比如应用传感器功能可以动态描述物理问题中的运动轨迹，引发新问题；第二，人工智能技术作为解决实际问题的工具，比如编程语句可以解决复杂的数学问题；第三，人工智能技术作为把创意转变为现实的工具，比如利用 Arduino 自制传感器。当前人工智能技术作为综合教育活动中的一部分，客观上而言能够为创客教育和 STEM 教育提供良好的工具支撑，但缺乏明确的目标指引，更未注重对人工智能学科思维、计算思维的培养。

8.3.2 人工智能教育中的多维资源支撑

当前世界各国都在加紧经济、科技和人才战略布局，以应对人工智能带来的挑战。在当今和未来社会，最重要的是人的智能，以及人与机器共同组成的、互动和互补的智能，即有机智能和无机智能的组合。2022 年 4 月教育部颁布的义务教育信息科技课程标准在第四学段（7～9 年级）加入了“人工智能与智慧社会”这一模块。虽然我国在过去十多年已经对人工智能教育进行了初步的探索，但是我国的人工智能课程体系还不够完善，人工智能教育的师资和教学资源还比较匮乏，人工智能教学在基础教育中理论和应用体现还不够充分。促进人工智能教育变革，培养学生的创新思维能力和计算思维能力，需要各级教育机构间的密切配合，更需要一线教师围绕人工智能教育的环境、工具、课程、活动等领域开展研究与科学实践。

1. 专任教师培训与课程体系建设

人工智能教育需要大批具备综合素质的专业教师。目前我国中小学人工智能相关内容的教学工作以信息技术教师承担为主，信息技术教师对计算机和其他先进设备具有较强的应用能力，能够在编程、电子器件方面给学生基本的指导，但很多老师的知识理论储备和计算机操作技能距离专业水平还有一定的差距，专业的人工智能教师比较匮乏[169]。人工智能教育是一项复杂且综合性要求很高的活动，学生在学习过程中需要学科知识、技术工具、灵感启发等方面的专业指导和及时反馈。由于不同地区发展不平衡，各个学校的软硬件设施和师资力量也不均衡，除部分发达地区之外，多数地区没有与教学相适配的实验室，且国内机器人制作与竞技还未普及，对于条件不具备的学校，人工智能教育中的部分内容可以采用网上仿真编程的方式进行。

2016 年国家出台了信息技术学科高中核心素养框架，框架中强调信息意识、计算思维、数字化实践能力、信息社会责任四个方面[170]。核心素养是指学生在学习过程中逐渐形成的未来发展所需的能力和品质。区别于其他学科，人工智能课程是培养学生计算思维的关键学科。英国的人工智能课程中要求小学生按照程序搭积木，并不要求学生学会写代码，而到了初中要求学生学会基本的编程语言，高中要求学生学会搭建项目的系统方法[171]，这一课程设计充分体现了英国在计算思维教学中由易到难、从微观到宏观的循序渐进原则。我国人工智能教学的全面推开同样需要按照循序渐进的原则系统化建设适应不同学段、不同目标、不同层次学生的人工智能课程体系。

2. 通过对接高校及与社会培训机构合作将人工智能相关课程引入基础教育

在人工智能课程资源建设方面，借鉴英美等国的做法，与高等教育机构合作不失为一项重要选择。相较于中小学，高校有较好的人工智能课程建设经验，高校对于人工智能课程建设和实践教学的经验可以转化应用于中小学，对接高校的做法不仅能加快师资教学力量的建设，可以加快中小学人工智能课程框架的搭建，同时高校人工智能相关专业的学生可以在网上参与中小学师生的讨论答疑工作，高校教师也可以为中小学提供教学资源建设和实践教学方面的理论指导，帮助一线教师实现人工智能产品的开发[172]。此外，社会培训机构在人工智能教学资源建设方面业已形成较为丰厚的积累，如儿童科技企业葡萄教育的小学编程方案、编程教室，还有编程猫的编程课程已经在中小学甚至高校落地，编程猫为儿童设计了九级编程课程体系，涵盖图形化游戏编程、算法与数据结构、Python 编程语言、概率论基础及弱人工智能产品开发等，经过这九个级别的逐步深入学习，学生能够在每一级学习结束之后制作出相应的作品。由于基础教育学段教授人工智能课程的教师没有经过系统的培训，在开发课程、教学方法、指导学生方面都有很大提升空间，学校可以结合高校及社会培训机构的课程内容开发校本人工智能课程。

第 9 章　人工智能赋能核心能力培养

9.1　核心能力概述

9.1.1　21 世纪学习框架

进入 21 世纪以来，技术革新速度日益加快，人工智能的飞速发展要求人类从事更高层次的劳动，即解决复杂性的问题，因此，对于人类来说问题解决能力成为核心技能之一，是适应适应智能化和全球化的重要技能。21 世纪的学习框架（Framework for 21st Century Learning）提出如图 9.1 所示的未来人才所需具备的 18 项要素作为新世纪人才培养的指导性框架，其中的批判性思维（Critical Thinking）能力、沟通（Communication）能力、协作（Collaboration）能力、创新创造（Creativity and Innovation）能力合称 4C 能力[173]。当前迫切需要将以上四项能力作为培养创新性的人才的重要指标。人工智能在大量应用于教育的过程中已经体现出其有望帮助学习者提升思想品德和认知能力[174]。人工智能支持下的智能导师系统（Intellectual Tutor System，ITS）是模仿教学专家的经验、方法以辅助教学工作的计算机系统[175]，ITS 应用于学习领域能丰富学习内容呈现、增强学习动机并提高学习兴趣[176]。智能导师系统能为学习者提供个性化的学习服务和实时陪伴，且伴随移动互联网和人工智能的双轮驱动，在手机等移动设备上便捷地应用 ITS，易于普及和推广，IBM 的 Watson 系统正是在此背景下应运而生。目前，对于智能导师系统的研究，大多着眼于如何利用人工智能取代教育中的重复性劳动或获取学习过程数据从而来提升学生的知识获取效率。但正如清华大学钱颖一教授所说，“我们经常将教育等同于知识，但却忽视了教育的价值在于它超越知识的另一个维度——能力。”[177]智能导师系统在加强学生的各项能力培养方面还有巨大潜力，人工智能的教育应用还有望能有效地培育学生的价值观[178]，可以综合培养学生的多方面能力，打造出 21 世纪所需要的人才，使学生能够融入这个智能社会。因此，有必要将 4C 能力培养所需的教学理念和方法、工具支撑与人工智能的技术优势相结合，探究智能导师系统支撑下的学生核心能力培养。

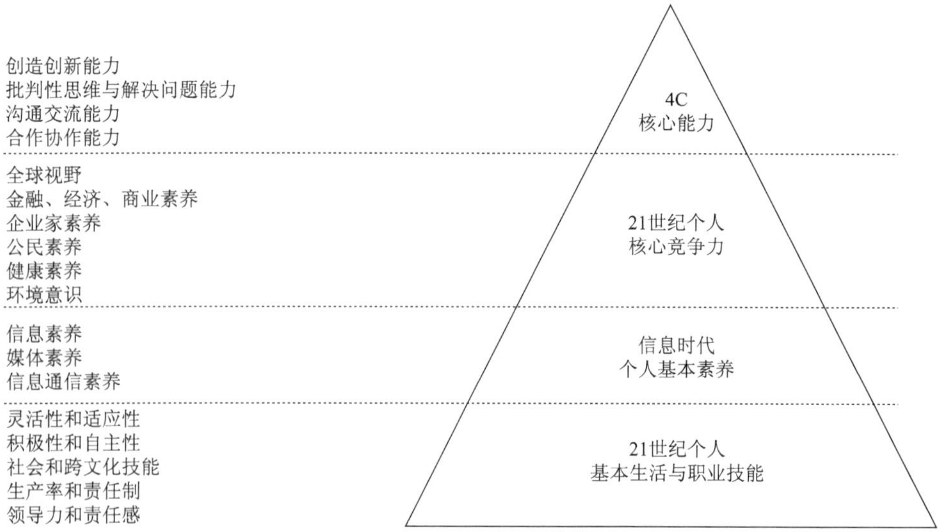

图 9.1　21 世纪学习框架中人才培养的 18 项要素

9.1.2　4C 能力的概念解读

1. 创新创造能力

创新创造能力指在实践活动中，不断提供新思想、新理论、新方法和新发明，并获得较好效果的能力。在学习过程中是指能够运用新颖、独特的方法进行学习，并能够灵活地迁移到其他的学习情境中[179]。21 世纪学习框架对创新创造能力的表述是：第一，鼓励学生创造性地思考，可以使用广泛的创新方法，比如说开展头脑风暴；提出有价值的方法，包含激进的和渐进式的想法；能够提炼、阐述、分析和评估自己的想法，从而能够让他人了解自己创新的想法。第二，能够创造性地与他人合作，包含有效的思考、使用并与他人沟通新的想法；能够接受新的、多样的观点，并将团队的输入和反馈整合到工作中；在工作中能够表现出创新性和原创性，理解并接受想法的现实局限性；第三，实现创新，即能够把创新的想法变为实际的行动，从而对专业领域做出切实而有效的贡献[180]。

2. 批判性思维能力

批判性思维泛指个人对某一现象和事物之长短利弊的评断，它要求人们对所判断的现象和事物有其独立的、综合的、有建设意义的见解[181]。批判性思维和解决问题的能力紧密联系在一起，它可以帮助人运用系统的思维根据不同的情况使用归纳、演绎等方法进行推理，分析整体中各个部分是如何相互作用，从而能够在复杂的系统中得到最终的结果。在教师做出判断和决定时，可以有效地分析和评估证据、论点、主张和想法，分析和评估各种论点，根据分析的结果解释信息并得出结论[182]。批判性思维可以引导人们通过现象进行不断的探索，去了解事物的规律和本质，从而不断地探索和研究人类所生活的世界，实现跨学科的交流与合作，更加适应当前社会的需求。在教学过程中，可以引导学习者进行分析、争论、比较、对比、定义、描述、评估、解释和问题解决等来培养学习的批判性思维[183]。

3. 沟通能力

沟通能力是指顺利而有效地完成某项活动所必需的特质，是获取信息展开合作的基础，只有具备沟通能力，能够通过文字、语言等展开对话，才能够增强知识、信息的储备，从而展开合作，再造知识。将沟通能力分为两种水平：①表面水平，它说明某人经常表现的实践中有效和适当的沟通行为，称为表现能力。②深层水平，包括为工作所必须知道的每一件事，称为过程能力，它由所有的对产生适当表现所必需的认知行为和知识组成。教师更加需要培养学生的深层水平沟通能力，从而能够帮助学生实现有效的沟通[184]。为了更好地对沟通能力进行培养，进一步将沟通能力分为：理解能力、角色能力、自我能力、目标能力和信息能力，多种能力协同培养帮助学生更好地提升沟通能力。

4. 协作能力

协作能力指的是共享知识并与同行一起完成所需的学习任务[185]，是一种综合能力，常常通过协作学习活动来培养[186]。随着数字时代的到来，学生的社会性学习日渐增多，他们在技术的支持下进行文本、语言等的发布、更新、共享。如果学生无法在网络上实现无障碍的合作与交流，他们就会脱离社会，脱离学习。因此学校必须提供给学习者充分的协作空间，开展多样的协作活动[187]。想要培养学生的团队协作能力，教师首先应该提供给学生团队活动或者团队任务，帮助学习者在团队协作中完成能力提升，团队协作能力直接影响个体沟通能力的发展，从而进一步影响个体创造性思维能力的发展[188]。

9.2　人工智能赋能核心能力培养的可行性分析

9.2.1　智能教学系统设计理念与核心能力培养的目标相契合

Watson 是一个认知系统，其进入教育领域的理论基础是认知学习理论。认知学习理论强调人在学习活动中的主体价值，充分肯定了学习者的自觉能动性，强调认知、意义、理解、独立思考等意识活动在学习中的重要地位和作用，认知主义认为学习的效果还取决于学习者已有的知识水平、认知结构和非认知因素。由于认知学习理论把人的学习看成是一种积极主动的过程，因而很重视内在的动机与学习活动本身带来的内在强化的作用[189]。认知主义强调学习能力需要通过问题解决来实现，需要通过训练问题解决或者优化问题的解决来提高认知能力[190]。

Watson 正是通过人工智能协助学习者解决问题和优化解决问题的过程，从而提高学习者的问题解决能力。在学习内容上，Watson 更加重视概念的学习和知识体系的构建，因此，Watson 在投入使用时首先学习领域内的相关概念，构建领域内的知识模型，在学习者学习过程中提供给学习者更加专业化的概念体系，帮助学习者构建起不同知识点之间的联系，在提供给学习者问题解决的方案时，为学习者提供的是多样化的答案，在这个过程可以培养学习者的批判性思维和创造性思维。应用了 Watson 的智能导师为了更好地适应不同学习者的学习需求，在辅助学习者进行学习前，Watson 首先评定学习者的初始水平，为学习者提供合适的材料，学习过程中通过追踪学习者的学习轨迹与批判性思维等来分析学习者的学习风格、学习偏好以及兴趣爱好等情况，基于学习者的学习体验，为学习者提供更加个性化的资源，强调了学习者在学习过程中的主体地位。

9.2.2　智能教学系统为核心能力培养所提供的技术支撑

Watson 能够较好地理解非结构化的文本、语法规则，像人一样去理解每个句子的含义，从而能够为用户提供更加精确的搜索结果，也能够像人一样不断学习环境中的知识和规则，从而能够更好地适应环境的变化，适应不同领域的能力更强。通过对 Watson 功能的分析与整合，Watson 可从自然语言理解及翻译、认知学习与开放式设计三个方面为 4C 能力培养提供技术支撑，如图 9.2 所示。

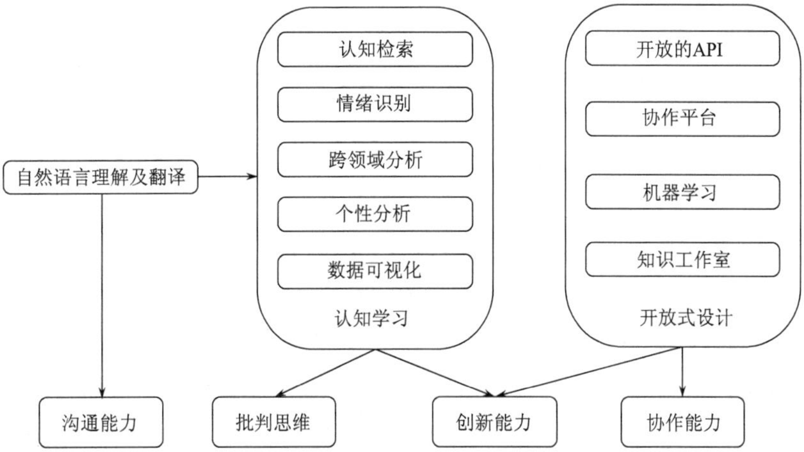

图 9.2　Watson 系统对 4 C 能力培养的技术支撑

图 9.2 中的自然语言理解及翻译等可以有效减少不同语言的障碍，加强学习者与不同语言学习者的交流与合作，同时，Watson 提供的虚拟服务助理功能可以完成实时陪伴，与学习者进行实时交流，也可以增强学习者的沟通能力。在培养学习者批判思维能力和创新能力方面，Watson 具有独特的技术优势。郭炯等提出技术支持的批评性思维培养模型，包含发现问题、信息处理阶段、问题解决阶段三个过程[191]，而 Watson 可以很好地支撑这三个过程，在发现问题阶段，Watson 通过与学习者的对话，激发学习者的思考，使学习者在具体的问题情境中发现开放性的学习问题。在学习者提出问题后，开始进入信息处理阶段，在这个阶段，信息来源有两个，第一个是互联网，另一个则是 Watson 经过前期领域内的学习所构建的领域内的知识库，在经过检索和分析后，Watson 为学习者提供多个具有评分的答案，供学习者进行参考，学习者获取多样化的信息。在完成信息获取后，学习者根据 Watson 提供的多个答案，进行理解、比较、分析、再次评价与判断，最终确定最优的问题解决方案。此外，Watson 所使用的开放式设计方法，可以让用户将其他应用程序接入 Watson，能够让更多的学习者参与进来，以培养学习者的协作能力。

9.3　人工智能支撑核心能力培养的案例分析

9.3.1　作为认知生态系统的 Waston

IBM 作为美国全球最大的信息技术和业务解决方案公司之一，是计算机产业长期的领导者。在 21 世纪初期，IBM 研发了 Watson 人工智能系统，近几年来，Watson 进入健康、金融、销售、教育、物联网等多个领域，并在各个应用领域都取得了显著的成就。

1. 设计理念

Watson 是一个庞大的认知生态系统，其核心理念是认知计算，即综合神经网络、深度学习及机器学习等核心技术，使 Watson 像人脑一样进行理解式的学习。IBM Watson 区别于以往的智能设备，该系统所提供的 API（Application Programming Interface）为开发其他智能应用提供了丰富的接口，所以 Watson 在设计理念上是为普通应用程序提供智能支撑。将 Watson 嵌入 APP（Application）内，当用户提出请求后，首先请求到达 APP，然后分别到达 Watson 智能系统和庞大的网络，Watson 和智能网络将检索的信息返回到 APP，经过整理后通过智能设备传递给用户，从而完成用户的请求。目前 Watson 提供 15 种服务，每种服务都为开发者提供了 API，用户只需要简单的操作即可将 Watson 提供的服务链接到已有的 APP 中或者创建 APP 加入 Watson 的服务。开发人员和非技术领域专家能够使用一个通用工具进行协作，开发更加符合需要的 APP。

2. 工作原理

Watson 借助机器学习与深度学习来构建 Watson 强大的认知体系。在 Watson 开始工作前也要像人一样进行学习，其学习过程经过三步：第一步是学习领域内的专业知识，Watson 要学习领域内相应的语言、术语，以及领域内的思维模式，Watson 掌握知识建立语料库，把知识中过期的或者是错误的观点进行删除（降噪）、预处理数据、构建索引和其他的元数据，在这一过程中建构起知识图谱。第二步是培训 Watson，使 Watson 学会理解信息，此过程主要是通过 Watson 的机器学习来构建学习者模型。第三步则是成为领域内的专家，为用户提供更加专业可靠的服务。这一个过程中主要是由 Watson Explorer 完成，Watson Explorer 能够系统地搜索、收集、分析和处理所有类型的结构化和非结构化数据，并将信息存储在搜索索引中，以便于快速检索和做相关性计算，Watson Explorer 在 Watson 系统中发挥着巨大的作用，其过程如图 9.3 所示。在用户提出问题后，Watson 通过自然语言处理等技术将语音等信息转换为文本信息，对问题进行分析，然后通过检索形成初步的假设，生成多个备选答案，经过软过滤，通过深层的检索分析形成问题的假设与问题的评分，这个过程是多次迭代的，最后合成所有可能的答案与每个答案的排名并显示给用户，在这个过程中还可以对第二步形成的模型做进一步修正，不断提高 Watson 的准确性和可用性。

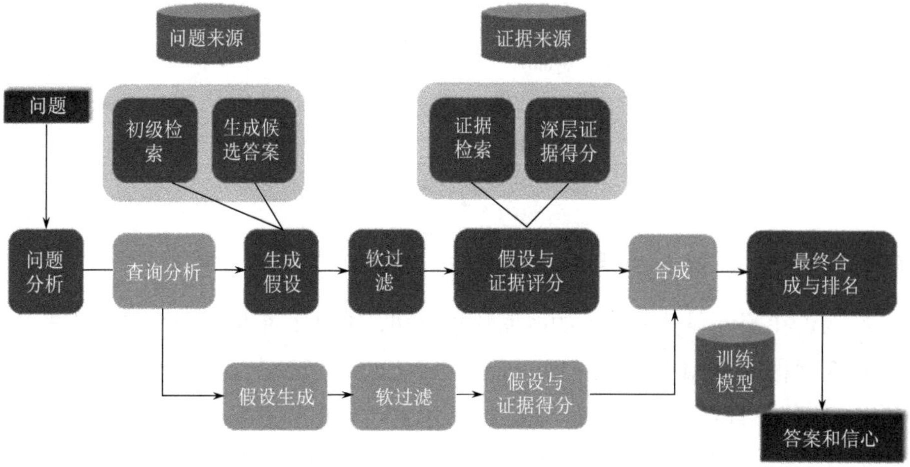

图 9.3　Watson Explorer 的工作原理

3. 功能框架

Watson 提供的人工智能服务共有 15 种，可以分为三大类，分别为语言类、个性化服务、辅助功能，如表 9.1 所示。多种功能综合作用，构建强大的认知体系及服务体系，为用户提供定制化的、专家级的知识服务。

表 9.1　Watson 的功能框架

类别	功能	功能解释
语言类	语言翻译（Language Translator）	支持 60 多种的语言互译
	自然语言理解（Natural Language Understanding）	分析文本并从内容中提取元数据
	语言转文本（Speech to Text）	将人的声音转换为书面文字
	文本转语言（Text to Speech）	将书面文字转换成人的声音
个性化服务	比较与问答（Compare and Comply）	对文档分类、处理，为后续分析提供支持
	搜索（Discovery）	认知搜索和内容分析引擎
	个性分析（Personality Insights）	对用户的心理特质进行分析
	情绪分析（Tone Analyzer）	通过语气分析用户的情绪
辅助功能	虚拟助理（Watson Assistant）	实现与用户的对话、交流等
	知识目录（Knowledge Catalog）	整理和简化数据，保证数据的安全性

续表

类别	功能	功能解释
辅助功能	知识工作室（Knowledge Studio）	自定义构建知识模型
	机器学习（Machine Learning）	提供 Rest API，用户调用 API 开发应用程序
	视觉识别（Visual Recognition）	分析图像、视频等视觉信息
	Watson 开放环境（Watson OpenScale）	提供可视化的人工智能环境
	Watson 工作室（Watson Studio）	为用户提供开发工具和协作环境

9.3.2 Watson 的 Element for Educators

作为走在国际科技最前沿的两家科技公司，IBM 和苹果联合推出了基于 iPad 的教育应用程序 IBM Watson Element for Educators，旨在为 K12 教师和学生提供个性化学习，目前经过实验后已经投入使用。Element for Educators 其主要功能有：①聚光灯，指焦点放在学生们的优势和进步上，使教师能够及时发现学生的优点，及时对学生的优点进行表扬和拓展。②学习活动，是指教师之间合作开发适合学习者的学习活动，通过教师间的相互合作，可以找出更加适合学习者的学习活动。③数据分析，指对学习者的学习过程中产生的数据进行分析，数据的来源具有多样性，包含学习者的出勤、学习情况、评价和社交等多方面，在捕获数据后对数据做可视化分析，从而能够使教师更好地了解学习者的学习状态，在学习过程中做出干预和支持。Element for Educators 记录跟踪学生们的批判性的见解，能够更好地观察到学习者进行批判性思考的过程，可以清晰地了解每个学生的批判性思考程度，从而根据每个学生的不同情况进行批判性思维的培养。Watson Element for Educators 还可以协调 4C 能力的培养进程，为教师提供每个学生的整体视图，包括兴趣、成就、学业成绩、出勤率、行为和学习活动等数据，通过这些数据教师可以更加全面地了解学习者的特点，与学习者做更深层次的交流，实现与学习者的有效沟通。

IBM Watson Element for Educators 首先在得克萨斯州排名最高的 K12 学校科佩尔独立学校试用，该学区共有约 12300 名学生和 750 名老师。在学校里从四年级到十二年级，每个学生都配有 iPad 平板，约有十六分之一的学生使用了这个应用程序。通过使用，教师可以实时检测学生们的学习变化，对培养学习者多方面的能力具有重要的作用。科佩尔独立学校的课程和教学助理总监玛丽莲博士表示，通过与苹果和 IBM 的合作，在校教师既能开发创造性的解决方案和个性化的设计经验，从而保证教学可以吸引学习者，挖掘学生的兴趣，并且与学习者的学习风格保持一致，能够满足学生的不同需求[191]。科佩尔独立学校的小学教师 Samira 也表示，学习者不仅仅是一个数字或一个年级，一名教师可以为孩子添加关于学习兴趣、学习风格或其他笔记的信息，这不仅对教师有帮助，而且对学生后面要接触到的老师也有帮助[192]。

参 考 文 献

[1] 徐贵宝. 拥抱人工智能 2.0 新时代. 中国人工智能学会通讯, 2017, 3(5): 50-56.

[2] 潘云鹤. AI2.0 时代的五个布局方向. http://www.donews.com/news/detail/1/2959778.html, 2017.

[3] 潘云鹤. 人工智能走向 2.0. Engineering, 2016, 2(4): 51-61.

[4] 牟智佳. “人工智能+”时代的个性化学习理论重思与开解. 远程教育杂志, 2017, 35(3): 22-30.

[5] LipNet: end-to-end sentence-level lipreading. http://www.oxml.co.uk/publications/2016-Assael_Shillingford_LipNet. pdf, 2017.

[6] 贾积有. 国外人工智能教育应用最新热点问题探讨. 中国电化教育, 2010, 24(7): 113-118.

[7] 李德毅. 人工智能在奔跑 教育的机遇与挑战. 北京联合大学学报, 2016, 30(3): 1-4.

[8] Daily Mail Online. A robot has been teaching grad students for 5 months and none of them realized. http://www.dailymail.co.uk/news/article-3581085/A-robot-teaching-grad-students-5-months-NONE-realized.html, 2017.

[9] EZ Education. Research behind the making of DoodleMaths. https://www.doodlemaths.com/, 2017.

[10] 科大讯飞. 科大讯飞畅言智能语音(双语)教具系统. http://www.iflytek.com/content/details_26_666. html, 2017.

[11] Carbonell J R. AI in CAI: an artificial-Intelligence approach to computer-assisted instruction. IEEE Transactions on Man-Machine Systems, 1970, 11(4): 190-202.

[12] Blikstein P, Worsley M. Multimodal learning analytics and education data mining: using computational technologies to measure complex learning tasks. Journal of Learning Analytics, 2016, 3(2): 220-238.

[13] 陈凯泉, 沙俊宏, 何瑶, 等. 人工智能 2.0 重塑学习的技术路径与实践探索——兼论智能教学系统的功能升级. 远程教育杂志, 2017, 35(5): 40-53.

[14] Lubold N, Walker E, Pon-Barry H, et al. Automated pitch convergence improves learning in a social, teachable robot for middle school mathematics. Artificial Intelligence in Education, 2018, 20(6): 282-296.

[15] Makhija A, Richards D, de Haan J, et al. The influence of gender, personality, cognitive and affective student engagement on academic engagement in educational virtual worlds. International Conference on Artificial Intelligence in Education, 2018, 20(6): 297-310.

[16] Bosch N, Mills C, Wammes J D, et al. Quantifying classroom instructor dynamics with computer vision. International Conference on Artificial Intelligence in Education, 2018, 20(6):

30-42.

[17] Yong D, Reilly J, Schneider B. Using physiological synchrony as an indicator of collaboration quality. Task Performance and Learning, 2018, 20(6): 98-110.

[18] Dempsey J V. Interactive Instruction and Feedback. New York: Educational Technology Publications, 1993.

[19] Wijewickrema S, Ma X, Piromchai P, et al. Providing automated real-time technical feedback for virtual reality based surgical training: is the simpler the better?. International Conference on Artificial Intelligence in Education, Cham, 2018.

[20] Zhang L, Rangwala H. Early identification of at-risk students using iterative logistic regression. International Conference on Artificial Intelligence in Education, Cham, 2018.

[21] Idowu O M I, Mccalla G. Better late than never but never late is better: towards reducing the answer response time to questions in an online learning community. International Conference on Artificial Intelligence in Education, Cham, 2018.

[22] Potts B A, Khosravi H, Reidsema C. Reciprocal content recommendation for peer learning study sessions. Artificial Intelligence in Education, 2018, 20(6): 462-475.

[23] Pailai J, Wunnasri W, Hayashi Y, et al. Correctness-and confidence-based adaptive feedback of kit-build concept map with confidence tagging. International Conference on Artificial Intelligence in Education, Cham, 2018.

[24] Matsuda N, Sekar V P C, Wall N. Metacognitive scaffolding amplifies the effect of learning by teaching a teachable agent. International Conference on Artificial Intelligence in Education, Cham, 2018.

[25] 梁锦明. 轻人工智能: 聚焦中小学生的智能教育. 中小学数字化教学, 2021, (4): 19-22.

[26] Tegos S, Demetriadis S, Tsiatsos T. An investigation of conversational agent interventions supporting historical reasoning in primary education. Intelligent Tutoring Systems, 2016, 2(6): 260-266.

[27] 陈凯泉. 实时导师和助手: 智能教学代理的实践定位. 中国电化教育, 2006, 20(4): 85-87.

[28] Weston-Sementelli J L, Allen L K, Mcnamara D S. Comprehension and writing strategy training improves performance on content-specific source-based writing tasks. International Journal of Artificial Intelligence in Education, 2016, 9(11): 106-137.

[29] Vail A K, Grafsgaard J F, Boyer K E, et al. Predicting learning from student affective response to tutor questions. International Conference on Intelligent Tutoring Systems, 2016, 2(6): 154-164.

[30] Mathews M, Mitrovic A, Lin B, et al. Do your eyes give it away? using eye tracking data to understand students' attitudes towards open student model representations. International Conference on Intelligent Tutoring Systems' Cham, 2012.

[31] 陈凯泉, 刘璐. 开源智能教学系统的架构及功能框架研究. 中国教育信息化, 2020, (3): 52-56.

[32] Hanks S, Pollack M E, Cohen P R. Benchmarks, test beds, controlled experimentation, and the

design of agent architectures. AI Magazine, 1993, 14(4): 17-42.
[33] de Falco, Jeanine A. Detecting and addressing frustration in a serious game for military training. International Journal of Artificial Intelligence in Education, 2018, 28(2): 152-193.
[34] Fletcher J D, Robert A S. Shared mental models in support of adaptive instruction for teams using the GIFT tutoring architecture. International Journal of Artificial Intelligence in Education, 2018, 28(2): 265-285.
[35] Goldberg B. Modeling expert behavior in support of an adaptive psychomotor training environment: a marksmanship use case. International Journal of Artificial Intelligence in Education, 2018, 28(2): 194-224.
[36] 兰国帅, 郭倩, 吕彩杰, 等. “智能+”时代智能技术构筑智能教育——《地平线报告(2019高等教育版)》要点与思考. 开放教育研究, 2019, 25(3): 22-35.
[37] 何克抗. 教学代理与自适应学习技术的新发展——对美国《教育传播与技术研究手册》(第四版)的学习与思考之六. 开放教育研究, 2017, 23(5): 11-20.
[38] Kizilcec R F, Perezsanagustin M, Maldonado J J, et al. Self-regulated learning strategies predict learner behavior and goal attainment in massive open online courses. Computers in Education, 2017, 104: 18-33.
[39] Smart Sparrow. Let's talk about adaptive learning. https://www.smartsparrow.com/what-is-adaptive-learning/, 2020.
[40] Rau M A, Schmidt T A. Disentangling conceptual and embodied mechanisms for learning with virtual and physical representations. Artificial Intelligence in Education, 2019, 11625: 419-431.
[41] Nam S J, Samson P. Integrating students' behavioral signals and academic profiles in early warning system. Artificial Intelligence in Education, 2020, 11625: 345-357.
[42] Shabaninejad S, Khosravi H, Leemans S, et al. Recommending insightful drill-downs based on learning processes for learning analytics dashboards. Artificial Intelligence in Education, 2020, 12163: 486-499.
[43] Al-Doulat A, Nur N, Karduni A, et al. Making sense of student success and risk through unsupervised machine learning and interactive storytelling. Artificial Intelligence in Education, 2020, 12163: 3-15.
[44] Anagnostopoulos T, Kytagias C, Xanthopoulos T, et al. Intelligent predictive analytics for identifying students at risk of failure in moodle courses. International Conference on Intelligent Tutoring Systems, 2020, 12149: 152-162.
[45] Tashu T M, Esclamado J P, Horvath T. Intelligent on-line exam management and evaluation system. International Conference on Intelligent Tutoring Systems, 2019, 11528: 105-111.
[46] Tashu T M, Szabó D, Horváth T. Reducing annotation effort in automatic essay evaluation using locality sensitive hashing. International Conference on Intelligent Tutoring Systems, 2019, 11528: 186-192.
[47] Gautam D, Rus V. Using neural tensor networks for open ended short answer assessment. International Conference on Artificial Intelligence in Education, 2020, 12163: 191-203.

[48] Ueno M, Miyazawa Y. Uniform adaptive testing using maximum clique algorithm. Artificial Intelligence in Education, 2019, 11625: 482-493.

[49] Uto M, Okano M. Robust neural automated essay scoring using item response theory. International Conference on Artificial Intelligence in Education, 2020, 12163: 549-561.

[50] El-Bishouty M M, Saito K, Chang T W, et al. An interactive course analyzer for improving learning styles support level. Human-Computer Interaction and Knowledge Discovery in Complex, Unstructured, Big Data, 2013, 7947: 136-147.

[51] Roll I, Aleven V, Mclaren B M, et al. Improving students' help-seeking skills using metacognitive feedback in an intelligent tutoring system. Learning and Instruction, 2011, 21(2): 267-280.

[52] Murray T. An overview of intelligent tutoring system authoring tools: updated analysis of the state of the art. Authoring Tools for Advanced Technology Learning Environments, 2003, 11: 491-544.

[53] Liu X, Du Y, Sun F, et al. Design of adaptive learning system based on big data. International Conference on Information Engineering, ACM, 2017, (10): 1-5.

[54] Education News. Sesame street, IBM's watson team up for early childhood tools. http://www.educationnews.org/technology/sesame-street-ibms-watson-team-up-for-early-child.hood-tools/, 2017.

[55] 孟冰纹, 肖玉敏, 唐婷婷, 等. 美国可汗学院数据平台功能与数据分析框架研究及启示. 图书馆研究与工作, 2018, (9): 41-47.

[56] 何克抗. 从 Blending Learning 看教育技术理论的新发展(上). 电化教育研究, 2004, (3): 1-6.

[57] 冯晓英, 王瑞雪, 吴怡君. 国内外混合式教学研究现状述评——基于混合式教学的分析框架. 远程教育杂志, 2018, 36(3): 13-24.

[58] 李浩君, 徐佳程, 房邵敏, 等. 个性化移动学习路径优化策略应用研究. 电化教育研究, 2016, 37(1): 39-44.

[59] 姜强, 赵蔚, 王朋娇, 等. 基于大数据的个性化自适应在线学习分析模型及实现. 中国电化教育, 2015, 23(1): 85-92.

[60] 赵蔚, 李士平. 基于学习分析的自我调节学习路径挖掘与反馈研究. 中国电化教育, 2018, 25(10): 15-21.

[61] 朱建东, 刘名卓, 蒋丽丽. 基于神经模糊方法的数字化学习路径的优化选择. 情报杂志, 2010, 29(8): 114-118.

[62] 周皖婧, 辛涛, 刘拓. "互联网+"背景下的学生个性化学习系统开发: 现状与启示. 清华大学教育研究, 2016, 37(6): 79-84.

[63] 顾小清, 张进良, 蔡慧英. 学习分析: 正在浮现中的数据技术. 远程教育杂志, 2012, 30(1): 18-25.

[64] Leveraging learning analytics to guide online learning design. https://events.educause.edu/archives/2012/educause-midwest-regional-conference-2012/proceedings/leveraging-learni-

ng-analytics-to-guide-online-learning-design, 2020.
[65] 赵呈领, 陈智慧, 黄志芳. 适应性学习路径推荐算法及应用研究. 中国电化教育, 2015, (8): 85-91.
[66] 袁振国. 当代教育学. 北京: 教育科学出版社, 2010.
[67] 杨娟, 宋晓玲, 乔兴媚. 自主在线学习环境下学习行为与学习风格偏向性的关联分析研究. 中国远程教育, 2017, (10): 47-54, 79-80.
[68] Chi M T, Roy M, Hausmann R G, et al. Observing tutorial dialogues collaboratively: insights about human tutoring effectiveness from vicarious learning. Cognitive Science, 2008, 32(2): 301-341.
[69] 陈凯泉, 张春雪, 吴玥玥, 等. 教育人工智能(EAI)中的多模态学习分析、适应性反馈及人机协同. 远程教育杂志, 2019, 37(5): 24-34.
[70] 陈凯泉, 韩小利, 郑湛飞, 等. 人机协同视阈下智能教育的场景建构及应用模式分析——国内外近十年人机协同教育研究综述. 远程教育杂志, 2022, 40(2): 3-14.
[71] 刘伟. 智能与人机融合智能. 指挥信息系统与技术, 2018, 9(4): 1-7.
[72] 郑南宁. 混合增强智能——协同与认知. https://www.sohu.com/a/161408336_160309, 2019.
[73] Moldovan D A. Life 3.0: Being Human in the Age of Artificial Intelligence. New York: Knopf Doubleday Publishing Group, 2018.
[74] 张守刚, 刘海波. 人工智能的认识论问题. 北京: 人民出版社, 1984.
[75] 钱学森, 于景元, 戴汝为. 一个科学新领域——开放的复杂巨系统及其方法论. 自然杂志, 1990, (1): 3-10, 64.
[76] 路甬祥, 陈鹰. 人机一体化系统与技术立论. 机械工程学报, 1994, (6): 1-9.
[77] 蔡连玉, 刘家玲, 周跃良. 人机协同化与学生发展核心素养——基于社会智能三维模型的分析. 开放教育研究, 2021, 27(1): 24-31.
[78] 李平, 杨政银. 人机融合智能: 人工智能 3.0. 清华管理评论, 2018, (Z2): 73-82.
[79] 吴茵荷, 蔡连玉, 周跃良. 教育的人机协同化与未来教师核心素养——基于智能结构三维模型的分析. 电化教育研究, 2021, 42(9): 27-34.
[80] Maharaj P L, Mohammed P S. Dance tutor: an ITS for coaching novice ballet dancers using pose recognition of whole-body movements. Artificial Intelligence in Education, 2021, 12749: 262-266.
[81] 陈赞安, 李宁宇, 尹以晴, 等. 从算法到参与构建计算模型: 人机协同视域下计算思维的内涵演进与能力结构. 远程教育杂志, 2021, 39(4): 34-41.
[82] Le C V, Pardos Z A, Meyer S D, et al. Communication at scale in a MOOC using predictive engagement analytics. Artificial Intelligence in Education, 2018, 10947: 239-252.
[83] Holstein K, McLaren B M, Aleven V. Student learning benefits of a mixed-reality teacher awareness tool in AI-enhanced classrooms. International Conference on Artificial Intelligence in Education, 2018, 10947: 154-168.
[84] Holstein K, Mclaren B M, Aleven V. Designing for complementarity: teacher and student needs for orchestration support in AI-enhanced classrooms. Artificial Intelligence in Education, 2019,

11625: 157-171.

[85] Burger B, Maffettone P M, Gusev V V, et al. A mobile robotic chemist. Nature, 2020, 583: 237-241.

[86] 祝智庭. 教育信息化: 教育技术的新高地. 中国电化教育, 2001, 15(2): 5-8.

[87] Olson C O, Wyett J L. Teachers need affective competencies. Education, 2000, 120(4): 741.

[88] 盛艳燕. 教师胜任力研究的取向与态势——基于核心期刊的文献计量分析. 高教探索, 2017, (1): 105-112.

[89] 徐建平, 张厚粲. 中小学教师胜任力模型: 一项行为事件访谈研究. 教育研究, 2006, (1): 57-61, 87.

[90] 罗小兰. 中学教师胜任力模型探究. 教育理论与实践, 2010, 30(34): 50-53.

[91] 李晔, 李哲, 鲁铱, 等. 基于长期绩效的中小学教师胜任力模型. 教育研究与实验, 2016, (2): 74-78.

[92] 董圣鸿, 胡小燕, 余琳燕, 等. 幼儿教师胜任力研究: 基于 BEI 技术的模型构建. 心理学探新, 2016, 36(5): 451-457.

[93] 王林雪, 郑莉莉, 杜跃平. 研究型大学教师胜任力模型构建. 现代教育科学, 2012, (1): 65-69.

[94] 赵呈领, 陈智慧, 邢楠, 等. 职业院校教师信息化教学能力现状调查分析与模型建构的启示. 工业和信息化教育, 2015, (8): 8-14.

[95] 罗洪兰, 杨亭亭. 远程教育专职教师胜任力的研究. 中国电化教育, 2008, (9): 32-35.

[96] 郝兆杰, 潘林. 高校教师翻转课堂教学胜任力模型构建研究——兼及“人工智能+”背景下的教学新思考. 远程教育杂志, 2017, 35(6): 66-75.

[97] Shulman L S. Knowledge and teaching: foundations of the new reform. Harvard Educational Review, 1987, 57(1): 1-22.

[98] Rosenberg J M, Koehler M J. Context and technological pedagogical content knowledge (TPACK): a systematic review. Teachers College Record, 2006, 108(6): 1017-1054.

[99] 詹艺, 任友群. 整合技术的学科教学法知识的内涵及其研究现状简述. 远程教育杂志, 2010, 28(4): 78-87.

[100] 何克抗. TPACK——美国“信息技术与课程整合”途径与方法研究的新发展(下). 电化教育研究, 2012, 33(6): 47-56.

[101] 普象网. 混合现实技术的领导者 HoloLens. https://www.puxiang.com/galleries/1d95d79bc3400a682ac11b27c90e6850, 2021.

[102] 夏洪文. 情感计算及其在人机交互设计中的应用. 中国电化教育, 2008, (1): 106-110.

[103] 共享教室 让课堂交互联动. http://bjrb.bjd.com.cn/html/2017-11/29/content_197674.htm, 2017.

[104] 乔锦忠. 大数据时代, 教师胜任力将重新定义. 人民教育, 2016, (15): 24-27.

[105] 余胜泉. “互联网+”时代, 教育走向何方?. 中国德育, 2017, (14): 46-50.

[106] 郁晓华, 肖敏, 王美玲, 等. 基于可视化编程的计算思维培养模式研究——兼论信息技术课堂中计算思维的培养. 远程教育杂志, 2017, 35(6): 12-20.

[107] 鲁白. 人工智能与教育. 上海: “人工智能与未来教育”高峰论坛, 2017.

[108] 李青, 张鑫. 区块链: 以技术推动教育的开放和公信. 远程教育杂志, 2017, 35(1): 36-44.

[109] Michael B. Floridi’s fourth revolution and the demise of ethics. Knowledge Technology and Policy, 2010, 23(1-2): 135-147.

[110] 赵沁平. 虚拟现实综述. 中国科学: 信息科学, 2009, 39(1): 2-46.

[111] Bryson S. Virtual reality: a definition history: a personal essay. Human-Computer Interaction, 2013.

[112] 魏士松, 周正东, 章栩苓, 等. 基于桌面虚拟现实技术的航天器虚拟维修训练系统. 系统仿真学报, 2021, 33(6): 1358-1363.

[113] 蔡苏, 王沛文, 杨阳, 等. 增强现实(AR)技术的教育应用综述. 远程教育杂志, 2016, 34(5): 27-40.

[114] NASA's Jet Propulsion Laboratory. Mars virtual reality software wins NASA award. https://www. jpl. nasa. gov/news/news. php?feature=7249, 2020.

[115] 褚乐阳, 陈卫东, 谭悦, 等. 重塑体验: 扩展现实(XR)技术及其教育应用展望——兼论“教育与新技术融合”的走向. 远程教育杂志, 2019, 37(1): 17-31.

[116] Qualcomm. The mobile future of extended reality. Qualcomm Technologies, 2017.

[117] The state of XR and immersive learning outlook report: 2020 edition. https://immersivelrn.org/ilrn2020/, 2020.

[118] Wikipedia. Extended reality. http: //en. wikipedia. org/wiki/Extended_reality, 2020.

[119] Limniou M, Roberts D, Papadopoulos N. Full immersive virtual environment CAVETM in chemistry education. Computers and Education, 2008, 51(2): 584-593.

[120] Job A, Jnb B, Jo C, et al. Virtual Reality’s effect on children's inhibitory control, social compliance, and sharing. Journal of Applied Developmental Psychology, 2019, 64(3): 1-10.

[121] Freitas S D, Neumann T. The use of ‘exploratory learning’ for supporting immersive learning in virtual environments. Computers in Education, 2009, 52(2): 343-352.

[122] Kolb D. Experiential learning: experience as the source of learning and development. Journal of Organizational Behavior, 1983, 1(3): 16-17.

[123] Duke University. Digital digging laboratory. https://diglab.org/homepage/info/, 2020.

[124] Juo Y Y, Abiri A, Pensa J, et al. Center for advanced surgical and interventional technology multimodal haptic feedback for robotic surgery. Handbook of Robotic and Image-Guided Surgery, 2020: 285-301.

[125] Sharp T, Wei Y, Freedman D, et al. Accurate, robust, and flexible real-time hand tracking//ACM Conference on Human Factors in Computing Systems, 2015: 3633-3642.

[126] Uptale Inc. Bring VR to the classroom!. https://www.uptale.io/en/education/, 2020.

[127] Near-Life Inc. Near-LifeTM elearning authoring tool. https://near-life.tech/our-products/e-learning-authoring-tool/, 2020.

[128] Roopesh S, Neo T K, Neo M, et al. Assisting AR, VR and hologram learning experience through MOOC//The 6th International Conference of the Immersive Learning Research

Network (iLRN), 2020.

[129] Tunur T, Hauze S W, Stuhr P T, et al. The impact of kinesiology XR-immersive labs for motor control learning attitudes//The 6th International Conference of the Immersive Learning Research Network (iLRN), 2020.

[130] Amador C, Liu F W, Johnson-Glenberg M C, et al. Titration experiment: virtual reality chemistry lab with haptic burette//The 6th International Conference of the Immersive Learning Research Network(iLRN), 2020.

[131] Bodzin A, Junior R A, Hammond T, et al. An immersive virtual reality game designed to promote learning engagement and flow//The 6th International Conference of the Immersive Learning Research Network (iLRN), 2020.

[132] Kickmeier-Rust M D, Leitner M, Hann P. Virtual reality in professional training: an example from the field of bank counselling//The 6th International Conference of the Immersive Learning Research Network (iLRN), 2020.

[133] Moser I, Bergamin P B. Designing a multi-user virtual reality environment for conversational skills training of dietetic students//The 6th International Conference of the Immersive Learning Research Network (iLRN), 2020.

[134] Lanzieri N, Samelson H, Mcalpin E, et al. A 360 virtual reality simulation to prepare social work students to interact with community environments//The 6th International Conference of the Immersive Learning Research Network (iLRN), 2020.

[135] Lanzieri N, Bowen J, Lasala D, et al. Virtual reality: a tool to develop social work practice skills of engagement and assessment//The 6th International Conference of the Immersive Learning Research Network (iLRN), 2020.

[136] Akula S, Sargsyan N, Korlapati S, et al. Utilizing virtual reality to promote active learning in construction management//The 6th International Conference of the Immersive Learning Research Network (iLRN), 2020.

[137] Maya G, Emory C. VR and AR: the art of immersive storytelling and journalism. https://er.educause.edu/blogs/2018/2/vr-and-ar-the-art-of-immersive-storytelling-and-journalism, 2020.

[138] Buchner J, Jeghiazaryan A. The ARI²VE model for augmented reality books//The 6th International Conference of the Immersive Learning Research Network (iLRN), 2020.

[139] Maya G, Emory C. VR and AR: learners as creators and world builders of our immersive future. https://er.educause.edu/blogs/2017/12/vr-and-ar-learners-as-creators-and-world-builders-of-our-immersive-future, 2020.

[140] Chung C Y, Hsiao I H. Computational thinking in augmented reality: an investigation of collaborative debugging practices//The 6th International Conference of the Immersive Learning Research Network (iLRN), 2020.

[141] Mogessie M, Wolf D V, Barbosa M, et al. Work-in-Progress: a generalizable virtual reality training and intelligent tutor for additive manufacturing//The 6th International Conference of the Immersive Learning Research Network (iLRN), 2020.

[142] Luciano F. 第四次革命. 王文革译. 杭州: 浙江人民出版社, 2016.
[143] Brainy Media Inc. Mark twain quotes. https://www.brainyquote.com/quotes/mark_twain_131203, 2020.
[144] 中央电化教育馆. 中小学人工智能技术与工程素养框架. https://www.ncet.edu.cn/u/cms/www/202112/24125027deqs. pdf, 2021.
[145] Stanford University. Artificial intelligence and life in 2030. http://www.donews.com/news/detail/1/2959778. html, 2017.
[146] 陈松云, 何高大. 新技术推动下的学习愿景和作用——2017《美国国家教育技术计划》及启示. 远程教育杂志, 2017, 35(6): 21-30.
[147] Office of Educational Technology. Reimagining the role of technology in education: 2017 national education technology plan update. https://tech.ed.gov/files/2017/01/NETP17. pdf, 2017.
[148] 杨倩倩, 徐晓东. 国外中学计算思维教育案例分析. 教育信息技术, 2015, (10): 27-30.
[149] 白晓晶, 张春华, 季瑞芳, 等. 新技术教学驱动教学创新的趋势、挑战与策略——2017 地平线报告(基础教育中文版). 中国现代教育装备, 2017, (18): 1-20.
[150] Artificial Intelligence(AI). Schools not preparing children to succeed in an AI future, MPs warn. https://www.theguardian.com/technology/2016/oct/12/schools-not-preparing-children-to-succeed-in-an-ai-future-mps-warn, 2017.
[151] Charlton P, Luckin R. Time to re-load? computational thinking and computer science in schools. Briefing Report, 2012.
[152] 中华人民共和国教育部. 普通高中技术课程标准. 北京: 人民教育出版社, 2003.
[153] 浙江省教育厅. 浙江省深化高校考试招生制度综合改革试点方案解读. http://www.zjedu.gov.cn/news/149578978378153302.html, 2017.
[154] 中华人民共和国教育部. 中小学信息技术课程指导纲要(试行). http://www.edu.cn/20020327/3023657. shtml, 2017.
[155] 段青.《基础教育信息技术课程标准(2012 版)》义务教育阶段基础模块内容标准解读. 中国电化教育, 2012, (10): 28-32.
[156] 张文兰. 基础教育教学信息化发展的理念与实践策略——基于《关于“十三五”期间全面深入推进教育信息化工作的指导意见》的解读与思考. 教育信息技术, 2016, (3): 3-6.
[157] 中华人民共和国教育部. 义务教育小学科学课程标准. http://www.edu.cn/20020327/3023657. shtml, 2017.
[158] 傅骞, 刘鹏飞. 从验证到创造——中小学STEM教育应用模式研究. 中国电化教育, 2016, (4): 71-78.
[159] 杨晓哲, 任友群. 数字化时代的 STEM 教育与创客教育. 开放教育研究, 2015, 21(5): 35-40.
[160] 余胜泉, 胡翔. STEM 教育理念与跨学科整合模式. 开放教育研究, 2015, 21(4): 13-22.
[161] 吴俊杰, 王勤, 梁森山. Ledong Scratch 互动教学平台的应用与研究(十)——用 Ledong 板测电阻谈 STEM 教育. 教育与装备研究, 2011, 27(10): 9-11.

[162] 吴俊杰, 李卓, 梁森山. Ledong Scratch 互动教学平台的应用与研究(十一)——光敏电阻与照度关系研究. 教育与装备研究, 2011, 27(11): 11-13.

[163] 谢作如. Scratch 与我 Scratch 开启互动媒体新世界. 中国信息技术教育, 2012, (10): 9-10.

[164] 谢作如, 刘正云. 用 Android 控制 Arduino 小车. 中国信息技术教育, 2014, (15): 94-96.

[165] 谢作如. Processing: 让编程成为一种艺术. 中国信息技术教育, 2013, (9): 73-75.

[166] 祝智庭, 雒亮. 从创客运动到创客教育: 培植众创文化. 电化教育研究, 2015, 36(7): 5-13.

[167] 祝智庭, 孙妍妍. 创客教育: 信息技术使能的创新教育实践场. 师资建设, 2015, (1): 14-21.

[168] 吴俊杰. 普及创客教育: 运行中国的教育担当. 上海教育, 2015, (17): 46-48.

[169] 杨现民, 李冀红. 创客教育的价值潜能及其争议. 现代远程教育研究, 2015, (2): 23-34.

[170] 李艺, 钟柏昌. 信息技术课程核心素养体系设计问题讨论. 中国电化教育, 2016, 37(4): 5-10.

[171] 张剑平, 张家华. 中英两国高中人工智能课程标准之比较. 中小学电教, 2005, (9): 80-83.

[172] 张剑平, 张家华. 我国人工智能课程实施的问题与对策. 中国电化教育, 2008, (10): 95-98.

[173] Wrahatnolo T. 21st centuries skill implication on educational system. IOP Conference Series Materials Science and Engineering, 2018, 296(1): 12-36.

[174] 何克抗. 21 世纪以来的新兴信息技术对教育深化改革的重大影响. 电化教育研究, 2019, 40(3): 5-12.

[175] 刘清堂, 吴林静, 刘嫚, 等. 智能导师系统研究现状与发展趋势. 中国电化教育, 2016, (10): 39-44.

[176] 杨兵, 尹加琪, 杨旸, 等. 现状与发展: 智能问答机器人促进学习的反思. 中国电化教育, 2018, (12): 31-38.

[177] 钱颖一. 批判性思维与创造性思维教育: 理念与实践. 清华大学教育研究, 2018, 39(4): 1-16.

[178] 陈思宇, 黄甫全, 曾文婕, 等. 机器人可以教知识无法培育价值观吗. 中国电化教育, 2019, (2): 29-35.

[179] 姜玉莲, 解月光. 基于 ESEM 的高阶思维结构测量模型研究. 现代远程教育研究, 2017, (3): 94-104.

[180] 陈凯泉, 吴玥玥, 刘璐. 人工智能赋能"4C 能力"培养的路径分析与实践探索. 中国教育信息化, 2019, (21): 54-59.

[181] 岳晓东. 批判思维的形成与培养: 西方现代教育的实践及其启示. 教育研究, 2000, (8): 65-69.

[182] Mishra P, Kereluik K. What 21st century learning? a review and a synthesis//Society for Information Technology and Teacher Education International Conference, 2011.

[183] Thoughtful Learning. What are learning skills?. https://k12.thoughtfullearning.com/FAQ/what-are-learning-skills, 2015.

[184] 张淑华. 人际沟通能力研究进展. 心理科学, 2002, (4): 503-505.

[185] 赵慧勤, 王兆雪, 张天云. 面向智能时代“4C 能力”培养的创客课程设计与开发——基于 STEAM 理念的实施路径. 远程教育杂志, 2019, 37(1): 104-112.

[186] Hamalainen R. Designing and evaluating collaboration in a virtual game environment for vocational learning. Computers Education, 2008, 50(1): 98-109.

[187] What are the 4 C's of 21st century skills? . https://www.aeseducation.com/career-readiness/what-are-the-4-cs-of-21st-century-skills, 2021.

[188] 王靖, 崔鑫. 深度学习动机、策略与高阶思维能力关系模型构建研究. 远程教育杂志, 2018, 36(6): 41-52.

[189] 张建伟, 陈琦. 从认知主义到建构主义. 北京师范大学学报(社会科学版), 1996, (4): 75-82, 108.

[190] 郭炯, 郭雨涵. 技术支持的批判性思维培养模型研究. 电化教育研究, 2014, 35(7): 41-47, 65.

[191] First IBM watson education app for ipad delivers personalized learning for K-12 teachers and students. https://www-03.ibm.com/press/us/en/pressrelease/50815.wss, 2022.

[192] With watson element, Apple and IBM aim to transform education. https://www.cio.com/article/3133851/education/apple-ibm-release-watson-element-ios-app-for-k-12.html, 2022.